काव्य-संग्रह

अनेक पल और मैं

बसन्त चौधरी

प्रकाशित संग्रह

प्रकाशन
माया बल्झेछ
तिम्रो नाममा
रिफ़्लेक्शन ऑफ़ लव
ओनली लव
लव फॉर ऐवर
वसन्त वेला

हिन्दी भाषा का गीत एल्बम
कुछ ख़्वाहिशें कुछ बन्दिशें
मोमेंट्स ऑफ़ लव

निबन्ध संग्रह
राष्ट्रीयता नदुखोस
संवाद

कविता संग्रह
मेघा (नेपाली एवं हिन्दी)
मेरा कविताहरु
आँसुओं की सियाही से (हिन्दी)
चाहतों के साये में (हिन्दी एवं अंग्रेज़ी)
वसन्त (नौ भाषाओं में)

उक्ति संग्रह
जीवन-मन्त्र

विश्व-काव्ययात्रा
सन् 2012 से आयोजित

एकल कविता वाचन
विश्व के 10 देशों के 20 शहरों में सम्पन्न

साहित्यिक कृतियाँ एवं पत्रिकाएँ
द रीयलम
उर्वशी
सत्ता
दि इंडिपेंडेंस

वाणी प्रकाशन

काव्य-संग्रह

अनेक पल और मैं

बसन्त चौधरी

सम्पादन: डॉ. श्वेता दीप्ति

वाणी प्रकाशन

4695, 21-ए, दरियागंज, नयी दिल्ली 110 002

फ़ोन : +91 11 23273167 फ़ैक्स : +91 11 23275710

शाखाएँ

अशोक राजपथ, पटना 800 004, बिहार

कॉफ़ी हाउस कैम्पस, महात्मा गांधी मार्ग, इलाहाबाद 211 001, उत्तर प्रदेश

महात्मा गांधी अन्तरराष्ट्रीय हिन्दी विश्वविद्यालय, वर्धा 442 001, महाराष्ट्र

सुल्तानिया रोड, मोतिया पार्क, भोपाल 462 001, मध्य प्रदेश

www.vaniprakashan.com
marketing@vaniprakashan.in
sales@vaniprakashan.in

ANEK PAL AUR MAI

by Basant Chaudhary
Edited by Dr. Shweta Deepti

ISBN : 978-81-948736-0-0
Collection of Poems

प्रथम संस्करण **2021**

मूल्य : ₹ 399

रेखांकन, आवरण एवं पुस्तक सज्जा : **रचना भगत**
रोमन अनुवाद : **सुर्यांशु प्रताप सिंह**

वाणी प्रकाशन का लोगो मक़बूल फ़िदा हुसेन की कूची से

मुद्रक : **सौरभ प्रिन्टर्स प्रा. लि.**

संकल्पित साहित्य-सरोवर
भावों के मोती छलकाये
शब्द-पुष्प के हार गूँथकर
दिव्य-ज्ञान के दीप जलाये
आनन्दित हैं, उत्साहित हैं
अनेक पल और मैं !

समर्पित

उन पलों को
जिन्होंने ज़िन्दगी को समझने का अवसर दिया
"आँखें कई तस्वीरों को
क़ैद किये बन्द हो जाना चाहती हैं
आख़िर क्यों खुलना चाहती हैं
वर्षों से बन्द आँखें इस वक़्त"

प्रस्तावना

शब्दों के आलोक में

बसन्त चौधरी की कविताएँ

कविता के बारे में सदियों से काव्यशास्त्रियों ने कसौटियाँ बताई हैं। कविता क्या है? रस क्या है? भाव क्या है? संवेदना क्या है? हमारी कवि परम्परा बहुत समृद्ध रही है। यहाँ वाल्मीकि, कालिदास, भास, भवभूति से लेकर आज तक की कविता परम्परा में जो कुछ लिखा जा रहा है वह सब इस कविता परम्परा का दाय है। कविताएँ लिखी जाती रहेंगी जब तक एक भी सहृदय व्यक्ति धरती पर उपस्थित रहेगा। कविता एक कला है। यह कवि को एक साधारण मनुष्य से अलग करती है। हम सब वही देखते हैं जो एक कवि देखता है, वही अनुभव करते हैं जो एक कवि करता है, वही कहना चाहते हैं जो एक कवि कहता है। लेकिन एक साधारण मनुष्य के देखने और कवि के अवलोकन में फ़र्क़ है। यही फ़र्क़ एक मनुष्य को कवि रूप में परिणत करता है।

कैसी हो कविता जो साधारण चित्त को छुए। जो हृदय का परिष्कार करे। मनुष्य की मलिनताओं को दूर करने में सहायक हो। कविता के लिए आचार्यों ने अपनी-अपनी मति और कवित्त विवेक

से बहुतेरी परिभाषाएँ दी हैं। एक रस से परिपूर्ण वाक्य ही कविता है। वह काव्य क्या जिसमें रस न हो। यही कारण था कि संस्कृत के महाकवि वाणभट्ट जब मृत्यु के सन्निकट थे तो उन्हें चिन्ता हुई कि कादम्बरी जो तीन जन्मों की कथा है, वह तो अधूरी ही है। असमय देहावसान हुआ तो इसे कौन पूरा करेगा? लिहाजा अपने दोनों पुत्रों को बुलाया और कहा देखो जो सामने दिख रहा है उसे अपने शब्दों में कहो। वे एक सूखे पेड़ की ओर दोनों का ध्यान आकृष्ट कर रहे थे। एक पुत्र ने जस का तस दृश्य रख दिया उनके समक्ष। शुष्के वृक्षं तिष्ठदत्युग्रे। वाणभट्ट को लग गया इसमें कवित्व नहीं है। यह तो बहुत नीरस दृश्यांकन है। दूसरे पुत्र को बुलाया और कहा तुम बताओ क्या है यह। उसने कहा—नीरस तरुरिह विलसति पुरतः। ऐसा सजल सरस दृश्यांकन सुनकर वे आश्वस्त हुए कि अब कोई चिन्ता नहीं। मर भी गया तो कादम्बरी की चिन्ता न रहेगी। तो यह होता है कवित्व, जो साधारण से दृश्य के बखान या वर्णन से मार्मिकता भर देता है।

किसी आचार्य ने कहा, कविता की आत्मा रीति है। रचने का तरीक़ा। प्रविधि। ऐसे भी कवि हुए हैं हमारे समय में जिन्होंने रीतिबद्धता को अपने काव्य का उद्देश्य माना। एक आचार्य ने कहा, 'काव्यास्यामत्माण ध्वनिः'। काव्य की आत्मा तो ध्वनि है। इस तरह कविता की अनेक शास्त्रीय परिभाषाएँ की गयीं। आचार्य विश्वनाथ, मम्मट, वामन, पण्डित राजशेखर, सभी के अपने-अपने मत। लेकिन 'कवय तु निरंकुशाः'। कवि तो निरंकुश होते हैं। काव्य के लक्षणों पर कविता करना सहज नहीं है। इसीलिए आचार्य क्षेमेन्द्र ने 'कवि कण्ठाभरण' में कवियों को सचेत किया कि वे वैयाकरणों से बच कर रहें। वे हर जगह जायें, हर अनुभव लें, पर वैयाकरणों, आलोचकों से बचें। कविता की परिभाषाएँ बन सकती हैं पर कवि

किसी बन्धन में नहीं बाँधे जा सकते। इसीलिए कहा जाता है कि फलाँ कवि के लिए अलग काव्यशास्त्र चाहिए। उसे परखने की कसौटियाँ प्रासंगिक नहीं हैं।

आज कविता छन्दों के कठिन पथ से बहुत आगे निकल आयी है। कविता की मुक्ति के लिए निराला ने जो आह्वान किया था, उस पथ पर आकर उसने वैचारिकी का सहारा लिया है। अब कविता केवल रस नहीं, भाव नहीं, रीति नहीं, ध्वनि नहीं, वह एक विचार भी है। हर कविता एक विचार करती है। वह कवि के विवेक का उद्भावक होती है। बसन्त चौधरी की कविताएँ विचारों और भावों की सहचरी हैं। 'अनेक पल और मैं' शीर्षक काव्यकृति में वे अपनी लगभग 83 कविताओं में भिन्न-भिन्न कथ्य और विचारों के साथ सामने आते हैं। ये कविताएँ बसन्त चौधरी के चित्त का ज्ञापन भी हैं और इस समय की गतिविधियों का साक्ष्य भी। अच्छी कविता संकेतों में बात करती है। बहुत ज़्यादा नहीं बोलती। वह पाठकों के लिए सहृदयों के लिए अन्तराल छोड़ती चलती है। वह अपने पाठ के अलावा पाठान्तर में होती है। कविता के अर्थ को भी बाँधा नहीं जा सकता। पाठ वही पर विवेचन अलग-अलग। यह रसज्ञ के सामर्थ्य पर है कि वह कैसा अर्थ लगाता है। वे कहते भी हैं—

मन की अशुद्धता
विकृत कर देती है बुद्धि को भी।
क्योंकि चिन्तन के लिए
महत्त्वपूर्ण है,
शुद्ध आत्मिक, सात्विक
और सार्वभौमिक मनन।
आवश्यक है,

तन-मन की शुद्धता
और बुद्धिमत्ता,
ताकि किया जा सके
चिन्तन! विशुद्ध चिन्तन!!

कविता एक स्तर तक पहुँच कर विशुद्ध चिन्तन में बदल जाती है। कविमना व्यक्ति को बिना पुस्तक के साहचर्य के नींद नहीं आती। सिरहाने पुस्तकें हों तो मन जैसे किसी पवित्र परिसर में महसूस करता है। वही तो हैं जो चित्त का परिष्कार करती हैं। बसन्त चौधरी ऐसी ही एक कविता में कहते हैं—

किताबें समा जाना चाहती हैं मुझमें
और आहिस्ता-आहिस्ता मैं
उपवन, पहाड़, सुगन्ध और
यादों से भरी पंक्तियों में
रूपान्तरित हो जाता हूँ।
और फिर मैं, मैं नहीं रहता
बन जाता हूँ एक पूरी किताब

बसन्त चौधरी की इन कविताओं में स्मृतियों की आभा है। सुधियों के आकाशदीप हैं जो कल्पनाओं का पथ प्रशस्त करते हैं। वे अकारण नहीं कहते, 'जहाँ मिलते हैं धरती और आकाश/उस गोधूली अनुपम वेला में/लौट रही गायों और धूलकणों के संग/तुम्हारी याद भी उड़कर आती है/और मुझे छू जाती है।' गोधूलि वेला पर कवियों की सदैव सौन्दर्यदृष्टि रही है। यह एक तरह से अभिसार वेला भी है। इसी सन्धिबिन्दु पर पहुँच कर चित्त

काव्यमय हो उठता है। कवि की कामना के पथ में शब्द भी जैसे निरस्तित्व हो उठते हैं। वह प्रेम के पथ बुहारता है जैसे बसन्त धरती की अगवानी करता हो पुष्पवल्लरियों से। कवि कहता है—

आओ, बेहिचक आओ
    क्यों दिग्भ्रमित हो
    क्यों नहीं सुन रहे हो
    मेरी पुकार
    मैं शब्दों के व्यापार से
    बहुत दूर हूँ
    और शायद तुम भी।
    शब्द तो जाल हैं,
    प्रेम नहीं
    मैंने बिछा रखी हैं पलकें,
    तुम्हारे सत्कार हेतु।

कवि कह रहा है अपने प्रेयस से कि मैं चित से सर्वथा शुद्ध हूँ, शब्दों के कारोबार से भी विरत, क्योंकि शब्द भी तो एक जाल है। इसलिए कभी-कभी हम शब्दों से नहीं, उस भावना से काम लेते हैं जिसके आगे शब्द भी बेमानी हो उठते हैं। शब्द ही पर्याप्त होते तो रही सही दोऊ कहि दीन हिचकियन सौं—अभिव्यक्ति का अचूक माध्यम क्योंकर होता। इन कविताओं में ऐसे ही मन्द-मन्द दीपक सा जलता है मन के कोने को उजियार करता हुआ। बिना प्रेम के कोई अभिव्यक्ति सम्पूर्ण नहीं होती। इस अर्थ में हर कवि जैसे प्रेम का कवि होता है, कवि प्रिय से संवाद का कोई न कोई अवसर निकाल ही लेता है। कहा है घनानन्द ने, 'अति सूधो सनेह को मारग है'।

प्रेम का पथ कितना सहज है। कोई छल नहीं कोई प्रपंच नहीं, यह एक साझी संवेदना है जो प्रिय के स्मरण मात्र से सुधियों का एक पुल बनाती है। तभी नीरज ने एक गीत में लिखा था—'प्रेम पथ हो न सूना कभी इसलिए/जिस जगह मैं थकूँ उस जगह तुम चलो'।

ऐसी सुकोमल भावनाएँ यहाँ अनेक कविताओं में व्यंजित हैं जिससे बसन्त चौधरी के चित्त में उतरने पर बसन्त की ख़ुशबू आती है। यह बसन्त की नहीं, प्रेम की ख़ुशबू है, अनुराग का रस है, शब्दों का मौन अनहद है जो केवल प्रिय चित्त में धड़कता है। वह कहता है—नेह-नीर बह निकली है/आँखों की कोर से/पावन गंगा बन। किसी कवि ने क्या ख़ूब कहा है—वो मुझे याद करके रोया है/हो गया इश्क़ का बयाँ आख़िर। आँखों की कोर का भीगना एक क्रिया भर नहीं है वह एक अभिव्यक्ति है जो आँखों की कोर से बह रही है पावन शुद्ध चिति का चैतन्य बन। जैसे धरती पर बालरवि की किरणें पड़ते ही पूरी वसुन्धरा रोशनी से आच्छादित हो उठती है वैसे ही शब्दों के आलोक से प्रिय का चित्त निनादित हो उठता है, दीप्त हो उठता है। प्रेम कभी बसन्त बन कर आता है, कभी घन आनन्द बन कर छाता है, कभी शरद की रातों की उल्लास बन कर। वह ऋतुओं के वैविध्य में पनपता है। शब्द ऋतु बन कर प्रेमियों को हुलसाते हैं। और जब प्रीति की यह कनी प्रेमी कवि के ही चित्त में समा जाये तो प्रणय की उदात्त आभा जैसे एक परस बन कर, छुवन बन कर कुछ-कुछ लौकिक और आध्यात्मिक सुवास बन कर फैल जाती है। बसन्त चौधरी की प्रेम से भीगी अनेक कविताओं के गुच्छे यहाँ हैं जिनसे गुज़रते हुए लगता है हम ऋतुओं के किसी महोत्सव में आ गये हैं।

बसन्त चौधरी ने उजाले पर लिखा है, दीपोत्सव पर लिखा है, ऋतुओं पर लिखा है, बादल पर लिखा है, पौष और शरद पर

लिखा है, सुख-दुख और धूप-छाँव पर लिखा है, माँ, बेटी और बाबू जी पर लिखा है, आँगन के उस दरख़्त पर लिखा है जो बरसों से ज़मीन पर दृढ़ता से टिका हुआ है, जिसने समय के पतझड़ और कितने ही बसन्त देखे हैं।

इस तरह देखा जाये तो बसन्त चौधरी सम्बन्धों के कवि हैं, गार्हस्थ्य बोध के कवि हैं। अपने देस, अपनी ज़मीन के कवि हैं। नेपाल के लिए उनके मन में अटूट प्रेम है। तभी तो वे स्वच्छ नेपाल की परिकल्पना करते हैं। अपने देश की बेहतरी की कल्पना करते हैं। यह कवि की राष्ट्रीयता है जो उन्हें घर, पत्नी, माँ-पिता व प्रिय से घनिष्ठता से जोड़े रहती है। वह फागुन की राह अगोरता है, सावन की कल्पना में भीगता है, बसन्त और फागुन की जुगलबन्दी उससे बतियाती है, कहना न होगा कि बसन्त चौधरी के नाम में ही ऐसा बसन्ती उल्लास है कि वह उनकी कविताओं में महुए-सा टपकता और महकाता है। उन्हें झरने लुभाते हैं, बचपन लुभाता है, वे प्रेम की उदात्तता को छूना और जीना चाहते हैं, वे पत्थरों में भी अप्रतिम रूप लावण्य देख कर भाव विभोर हो उठते हैं, उसे मुक्त मन से सराहते हुए नहीं थकते। कविताएँ उनके इस सौन्दर्यबोध की गवाही देती हैं।

वे अन्तर्मुखी नहीं बहिर्मुखी कवि हैं। उनका मन संवादी है। वह भीतर ही भीतर उमड़-घुमड़ कर नहीं रह जाता बल्कि अपने भाव को शब्दों के आभरण में सजाना जानता है और सब कुछ सीधे-सीधे कह देने में यक़ीन रखता है बच्चन की तरह जो कहा करते थे—'मैं छुपाना जानता तो जग मुझे साधू समझता'। देखिए बचपन पर हम सबने बहुतेरी कविताएँ पढ़ी हैं। सुपरिचित कवयित्री सुभद्रा कुमारी चौहान की 'बार बार आती है मुझको मधुर याद बचपन तेरी' भी । पर बसन्त चौधरी बचपन की मनुहार कैसे

करते हैं, यह कविता ख़ुद जताती है—

कभी-कभी तो आ जाया कर
भोले बचपन,
प्यारे और सलोने बचपन
माँ-बापू, दीदी का बचपन
अल्हड़, चंचल, नटखट बचपन
कभी-कभी तो आ जाया कर।

कब आया, कब चला गया तू
आ फिर से हम नाचें गायें,
बिना काम हम दौड़ लगायें
आ जा फिर फिसलेंगे बचपन
कभी-कभी तो आ जाया कर।

बना गया है एक युवक भी
प्रेम दिवाना या मस्ताना
स्कूल, कॉलेज मस्ती के दिन
आवारा, यायावर जीवन
लक्ष्यहीन क्षण प्रेम-प्रीत के,
छुप-छुप गुपचुप मिलना-जुलना
नवल प्रीत का ज्वार जगाकर
प्रथम प्रेम के किसलय बचपन
कभी-कभी तो आ जाया कर।

आ जा जल्दी, भूले प्रियवर
फिर मिलवा दे या दिखला दे
बगिया की झाड़ी में दुबके
नवल नेह के वो नाज़ुक पल
कवित कोश के उज्ज्वल बचपन
कभी-कभी तो आ जाया कर।

युगल गीत-गायन की घड़ियाँ
फूलों पर मँडराती कलियाँ
भँवरों से बतियाती तितलियाँ
तेरा घर वो तेरी गलियाँ
पावन, पाक परिमल बचपन
कभी-कभी तो आ जाया कर।

यह अतीत राग है। बीते हुए दिन हम फिर से जीना चाहते हैं और चाहते हैं कि वे चित्र बचपन के वे शैतानियाँ बचपन की वह भोलापन बचपन का फिर से लौट आये। पर बीते हुए दिन कहाँ लौटते हैं भला। काल की यही गति है। 'कालो न यातः वयमेव यातः'। वे कहते हैं अभी समय है। जागो चेतो। ख़ुद से प्यार करना सीखो। ख़ुद से संवाद करना सीखो।

जाग जा, चेत जा, समय रहते
स्वयं से तकरार कर, स्वयं से ही प्यार
अद्भुत निजी सुन्दर वार्तालाप
सँभलकर पर भीतर उतर।
अब झाँको ज़रा अपने भीतर।

इसे पढ़कर किसी शायर का कहा याद हो आता है—छोड़ दे कुछ नहीं है रंजिश में/आ मेरे साथ खेल बारिश में। याद कर नंगे पाँव दौड़ते थे/दूर तक तितलियों की ख़्वाहिश में। इस तरह ये कविताएँ भी सुकोमल चित्त का आभार ज्ञापन हैं। कवि के ही शब्द उधार लेकर कहें तो इनमें नदियों, झरनों की कल-कल है, पक्षियों का कलरव है, भ्रमरों और तितलियों का गुंजन है, वृक्षों व लताओं की मर्मर है। यानी जीवन के उल्लास के ये क्षण कितने विविधवर्णी हैं और इस विविधवर्णी अनेक पलों के बीच कवि है। शब्दों और भावनाओं का एक अलग ही संसार बसाये। अपने भीतर के बसन्त और अपने भीतर के दीप को जलाता हुआ अप्पोदीपोभव की मुद्रा में कवि के ये शब्द निष्कम्प दीप पंक्ति की तरह हैं जो अँधेरे अवसाद भरे पलों को उल्लास से रोशन करते हैं।

किसी ने क्या ख़ूब कहा है कि "कविता पर अत्याचार भी बहुत कुछ हुआ है। लोभियों, स्वार्थियों और ख़ुशामदियों ने उसका गला दबाकर कहीं अपात्रों की आसमान पर चढ़ने वाली स्तुति कराई है, कहीं द्रव्य न देने वालों की निराधार निन्दा। ऐसी तुच्छ वृत्ति वालों का अपवित्र हृदय कविता के निवास के योग्य नहीं। कविता देवी के मन्दिर ऊँचे खुले, विस्तृत और पुनीत हृदय हैं। सच्चे कवि राजाओं की सवारी, ऐश्वर्य की सामग्री में ही सौन्दर्य नहीं ढूँढ़ा करते। वे फूँस के झोंपड़ों, धूल-मिट्टी में सने किसानों, बच्चों के मुँह में चारा डालते हुए पक्षियों, दौड़ते हुए कुत्तों और चोरी करती हुई बिल्लियों में कभी-कभी ऐसे सौन्दर्य का दर्शन करते हैं जिसकी छाया भी महलों और दरबारों तक नहीं पहुँच सकती। श्रीमानों के शुभागमन पर पद्य बनाना, बात-बात में उनको बधाई देना, कवि का काम नहीं। जिनके रूप या कर्मकलाप जगत् और जीवन के बीच में उसे सुन्दर लगते हैं, उन्हीं के वर्णन में वह 'स्वान्तः सुखाय' प्रवृत्त होता है।"

कविता मनुष्य से मनुष्य के बीच के रागात्मक सम्बन्धों का पुल है जिसके निर्माण में कवि अनवरत संलग्न रहता है। 'अनेक पल और मैं' की कविताएँ इसी स्वप्नमयता और अनुरागमयता का इजहार हैं। समकालीन कविता में ये सुकोमल कविताएं निश्चय ही अपना स्थान बनाएँगी, ऐसा विश्वास है।

—डॉ. ओम निश्चल

कवि-गीतकार, आलोचक एवं भाषाविद्

उत्तम नगर

नयी दिल्ली - 110 059

आमुख

बहुरंगी और बहुविध स्वरों से लबरेज़ 'अनेक पल और मैं'

मुझे यह जानकर अत्यन्त हर्ष हो रहा है कि नेपाल के सुप्रसिद्ध कवि बसन्त चौधरी का तीसरा काव्य-संकलन 'अनेक पल और मैं' शीर्षक से प्रकाशित होने जा रहा है। इनके काव्य-संग्रह 'आँसुओं की सियाही से' तथा 'चाहतों के साये में' पर्याप्त चर्चित रहे हैं। इनकी कविताओं का सबसे बड़ा वैशिष्ट्य यह है कि वे सहज किन्तु गम्भीर कविता की कोटि में आती हैं। उन्हें सतही तौर पर नहीं लिया जा सकता है। इन्होंने जीवन के अशेतान पल को अपनी कविताओं में समेट लिया है। इनका सहज और पारदर्शी व्यक्तित्व, इनका जीवनानुभव इनकी बेलौस अभिव्यक्ति का सहारा पाकर जिस संजीदगी के साथ काव्यानुभव में रूपान्तरित हो जाते हैं वह सहृदय पाठक के लिए रमणीय वस्तु है। इनके अनुभवों की निजता, परिपक्व सोच, लोक निरीक्षण की सूक्ष्मता और गहन सामाजिक सरोकार इस संकलन के व्यक्तित्व को रूपाकार प्रदान करते हैं। इसमें कुल 83 कविताएँ संकलित हैं जो लगभग इतने ही विषयों का सतर्क पुनःसृजन हैं।

बसन्त चौधरी के काव्य की सबसे बड़ी विशेषता यह है कि वे जीवन और जगत को उसकी व्यापकता और विविधता में देखते हैं। इस कार्य में उनकी परिपक्व समझ, भेदक-दृष्टि और घनीभूत संवेदना सहायक बनकर आती है। इस संकलन की कविताएँ शीर्षक के अनुरूप कवि के जीवन के अनेक पलों और उसके जीवनानुभवों का सार्थक रूपायन हैं। इनकी कविता 'चिन्तन' में इन्होंने कवि तन की शुद्धता के साथ मन की शुद्धता पर ज़ोर दिया है और तन-मन की एकरूपता को चिन्तन का अनिवार्य तत्त्व बतलाया है। हम सत्य के वास्तविक स्वरूप तक तभी पहुँच सकते हैं। इसके बाद कवि 'किताब' शीर्षक कविता में पुस्तकों के सम्बन्ध में बड़ी अद्भुत बात कहता है जो संघर्ष एवं निराशा से उबरने का सम्बल होती हैं। वह लिखता है कि "मैंने अक्सर महसूस किया है/मैं जब भी किताबों की/दुनिया में प्रवेश करता हूँ/तो खिल उठते हैं रंग-बिरंगे/भावनाओं के अनगिनत फूल/जिनमें शामिल होते हैं/कभी तो संघर्षों के पहाड़/कभी निराशा के/अथाह असीमित सागर/किन्तु यह अधिक समय तक/टिकते नहीं क्योंकि/अगले ही क्षण/आकर सँभाल लेती हैं/बाधाओं को पार करने की/अनुभवों की अनन्त/उत्तम उक्तियाँ उन्हीं पन्नों से।"

कवि के अनुसार पुस्तकें उसकी सबसे विश्वसनीय मित्र हैं जिनके सान्निध्य में उसका अतीत उद्भासित हो उठता है। वह उससे आत्मीय संवाद करने लगता है। बसन्त चौधरी 'मैं', 'अवचेतना', 'सायास', 'हसरतें' और 'अनुभूति' शीर्षक कविताओं में अपने निजी सुख-दुःख, आशा-निराशा, संघर्ष-संकल्प इत्यादि को इतने संश्लिष्ट रूप में प्रस्तुत करते हैं कि उनका जीवनानुभव ही काव्यानुभव बन जाता है। कवि के अन्तस् का स्वर, उसकी अनुभूति

के विविध सोपानों पर आरूढ़ होकर अनिर्वचनीय आनन्द की उपलब्धि करवाते हैं। वह 'कोना' शीर्षक कविता में घर के कोने के साथ-साथ मन के कोने का प्रतीकात्मक अर्थ भी भर देता है। 'स्वर्ग-अप्सरा' शीर्षक कविता में नारी के अनन्त रमणीय सौन्दर्य की स्मृति ग्रामीण प्रकृति के मनोरम दृश्यों की सापेक्षता में चित्रित हुई है। इसी तरह 'आवरण', 'धड़कन', 'मौन-सम्प्रेषण', 'शीतल-चाँदनी', 'याद', 'प्रकाश पर्व', 'पौष की सुबह' और 'धूप-छाँव' जैसी कविताएँ स्व का सन्धान और प्रकृति में सौन्दर्य एवं प्रभाव के सृजन द्वारा जीवन के प्रति स्वीकृति का भाव भरता है। समकालीन हिन्दी कविता जिस मानवीय एवं पारिवारिक रिश्ते को आत्मीयता तथा तल्लीनता से चित्रित करती है वह बसन्त चौधरी की कविताओं में भी पूरी सूक्ष्मता एवं वैदग्ध्य के साथ प्रस्तुत हुई है। इस दृष्टि से 'बिटिया', 'माँ' और 'बाबू जी' शीर्षक कविताएँ अपनी सहजता, अन्तरंगता और आत्मीयता के चलते विशेष ध्यान खींचती हैं। इसी तरह 'अस्तित्व या आत्मा', 'भीतर सन्नाटा', 'आसक्ति' और 'जीवन-चक्र' जैसी कविताएँ बसन्त चौधरी के अस्तित्ववादी, नियतिवादी और दार्शनिक चिन्तन को अभिव्यक्त करती हैं। कवि आत्मान्वेषण की स्थिति में अपने अस्तित्व के प्रति जिज्ञासु है। वस्तुतः देह एवं आत्मा की सहस्थिति ही अस्तित्व है। कवि का बौद्धिक व्यक्तित्व उसके होने की सतत प्रक्रिया से गुज़रता रहता है।

हमारी वर्तमान सभ्यता ने जिन संकटों को जन्म दिया है उसे हमारा कवि बड़ी तीव्रता से अनुभव करता है। वह 'काल बना सूक्ष्म कोरोना' जैसी कविता लिखकर न केवल अपने दायित्व बोध का निर्वाह करता है अपितु वर्तमान परिस्थिति की भयावहता तथा अमानवीय स्थिति का भी संकेत करता है। कवि भलीभाँति

जानता है कि संघर्ष और सौन्दर्य जीवन रूपी एक ही सिक्के के दो पहलू हैं। वह इन दोनों के समन्वित चित्रण द्वारा अपने सृजन को समग्रता प्रदान करता है। ऐसा माना जाता है कि रमणीयता पर मुग्ध होना, सौन्दर्य का सन्धान करना और आत्मविभोर होने की स्थिति का विश्लेषण करना कवि-स्वभाव का अंग है। बसन्त चौधरी की प्रेम सम्बन्धी कविताएँ उनके सामाजिक सरोकारों वाली कविताओं का प्रतिसन्तुलन हैं। इन कविताओं में 'प्रेम का सन्देश', 'प्रेम- प्रतीक्षा', 'शाश्वत प्रेम', 'तुम्हें देखा है', 'भूल जाऊँ', 'आ जाया कर' विशेष रूप से उल्लेखनीय बन पड़ी हैं जिसमें कवि मन तरल एवं एकान्तिक अनुभूतियाँ अनाविल आकार पाती हैं। कवि 'ऐसा क्यों है' शीर्षक कविता में उसका रागबोध जिस मोहक एवं मसृण बिम्ब की सृष्टि करता है वह अत्यन्त मोहक है। इन कविताओं में संयोग का सुख, उसकी स्मृति की टीस और कसक कवि के आन्तरिक जीवन का उच्छल भावावेग बनकर प्रकट हुआ है जिसे कवि प्रकृति के मनोरम बिम्बों के सादृश्य के साथ और भी प्रभावी बना देता है। कवि सदैव बसन्त की कामना करता है किन्तु वह जानता है कि उपवन के भाग्य में भी यह सम्भव नहीं है। वह इस काव्य-संकलन की शीर्षक कविता 'अनेक पल और मैं' द्वारा अपने एवं कविता के स्वाभाविक रिश्ते तथा उपलब्धियों को लेकर आश्वस्त है। वह लिखता है कि—"संकल्पित साहित्य-सरोवर/ भावों के मोती छलकाए/शब्द पुष्प के हार गूँथकर/दिव्य ज्ञान के दीप जलाए/आनन्दित हैं उत्साहित हैं/अनेक पल और मैं"। यही कवि जीवन की सार्थकता है।

सारांश यह है कि प्रस्तुत संकलन की कविताएँ वैविध्यपूर्ण, बहुरंगी और बहुविध स्वरों से लबरेज़ हैं। इसमें कवि मन सहज

संवेदना, वर्तमान सभ्यता के कार्य-व्यापार, परिवेशगत विवर्तन, प्रकृति के प्रति रागपरक रहस्य चेतना और प्रेम एवं सौन्दर्य की अनेकवर्णी छवियाँ अपने सम्पूर्ण भाव-वैविध्य के साथ उपस्थित हैं। ये कविताएँ बाहर से देखने पर जितनी सरल और सुबोध दिखलाई पड़ती हैं उतनी ही अपने अर्थबोध के लिए पाठ की गहनता में जाने की माँग करती हैं। कवि ने अपनी तरल संवेदना एवं भेदक दृष्टि द्वारा जिस अनुभव वैविध्य को कवितापन के चटख रंग से सँवारा है वह अपनी सहजता में भी मोहक है। ये कविताएँ पाठक को कहीं भी बोझिल नहीं लगतीं बल्कि इनकी पठनीयता उसके दिल में सीधे उतर जाती है।

बसन्त चौधरी सौन्दर्य के जीवनधर्मी दृष्टिकोण के साथ रचनारत होते हैं और प्रकृति एवं मानवीय जीवन के सूत्रों का संश्लेषण करते हैं। वे प्रकृति के अनन्त रमणीय वैभव और जीवनानुभवों के अन्तरावलम्बन को कलात्मक अभिव्यक्ति प्रदान करते हैं। इन कविताओं में कवि की सर्जनात्मक चेतना मानव-मूल्यों, एकान्तिक अनुभूतियों और कला-मूल्यों का सुपरिणत रूप रचती है। फलतः इनमें सहजता, सौन्दर्य, सादगी, टटकेपन का भाव और पठनीयता विशेष रूप से आकर्षक बन पड़ी है। इन कविताओं का कलात्मक अनुभव कवि के निजी अनुभवों एवं मानवीय सरोकारों को समय तथा समाज की सापेक्षता में प्रस्तुत करता है जिससे उसकी सार्थकता बढ़ गयी है।

ये कविताएँ अपनी बुनावट में निहायत स्वच्छ, स्वस्थ और साभिप्राय हैं। जहाँ तक भाषिक प्रयोगों का सवाल है तो वह अपनी अभिव्यंजना में अत्यधिक सटीक, तलस्पर्शिनी और अर्थपूर्ण है। कवि के वक्तव्य भी इतने परिपक्व हैं कि वे पाठक के मन पर स्थायी

प्रभाव छोड़ते हैं। इनका पाठ सगेपन का अहसास कराता है। संक्षेप में, इस संकलन की कविताएँ इस बात का सबूत हैं कि बसन्त चौधरी का कवि व्यक्तित्व निरन्तर विकासमान है और वह एक बड़ी सम्भावना की ओर बढ़ रहा है। मुझे पूर्ण विश्वास है कि हिन्दी जगत इस नये संकलन का खुले मन से स्वागत करेगा।

शुभकामनाओं सहित।

—डॉ. करुणाशंकर उपाध्याय

प्रोफ़ेसर एवं अध्यक्ष हिन्दी विभाग

मुम्बई विश्वविद्यालय

मुम्बई - 400 098

शुभकामना

बसन्त की कविता 'हृदय की धड़कन'

बसन्त चौधरी की सृजन-प्रतिभा से मैं बहुत अच्छी तरह से परिचित और बहुत प्रभावित रहा हूँ। सच कहूँ, तो उनकी काव्य रचनाओं में 'हृदय की धड़कन' को महसूस किया जा सकता है। वे जब ग़ज़ल कहते हैं, तो लगता है जैसे उनका 'दिल' ही ग़ज़ल में उतर आता है। मैं तो उन्हें मानवीय-संवेदनाओं का सच्चा पारखी कवि मानता हूँ।

'अनेक पल और मैं' उनके चिन्तन का दर्पण होगा, इसी विश्वास के साथ मैं बसन्त चौधरी को अपनी हार्दिक मंगल कामनाएँ समर्पित करता हूँ।

—डॉ. योगेन्द्र नाथ शर्मा 'अरुण'

रुड़की, उत्तर प्रदेश

मेरी बात

अनदेखे-अनजाने पलों से गुज़रती ज़िन्दगी अनुभवों के कई रंगों से हमारी पहचान कराती है। उम्र का हर पड़ाव कई-कई मोड़ों से गुज़रता हुआ किसी एक हासिल तक पहुँचता है। परन्तु यह आवश्यक नहीं कि वह हासिल आपके अनुरूप या अनुकूल हो। हम हर रोज़ कुछ नया जानते और समझते हैं, फिर उससे ही अपनी ज़िन्दगी की किताब में अनुभवों के नये पन्ने जोड़ते हैं। आज मैंने एक बार फिर से अपनी अनुभूतियों के अनेक पलों को शब्दों में गुम्फित करने की कोशिश की है। जी हाँ 'अनेक पल और मैं' के साथ मैं फिर से आपके समक्ष हूँ। इसके पूर्व मेरा 'मेघा' काव्य-संग्रह प्रकाशित हुआ था जिसमें नेपाली और हिन्दी कविताएँ शामिल थीं। इसके बाद हिन्दी कविताओं के दो संग्रह 'आँसुओं की सियाही से' और 'चाहतों के साये में' प्रकाशित हुए। दर्द और प्रेम की अनुभूतियाँ उन संग्रहों में समाहित हुई हैं। ज़िन्दगी में धूप-छाँव की तरह ही प्रेम और दर्द का अस्तित्व रहता है, परन्तु इनके साथ ही ज़िन्दगी के और भी कई रंग हैं जो हमें अपनी ओर खींचते हैं, सम्मोहित करते हैं, बेचैन करते हैं।

मैंने हमेशा प्रेम को और प्रेम में जीने की कोशिश की है। क्योंकि प्रेम जीवन का वह उपादान है जिससे हर युद्ध जीता जा

सकता है। द्वेष और घृणा कभी भी हमें सकारात्मकता प्रदान नहीं कर सकते। ये हमें आगे बढ़ने से बाधित करते हैं। प्रेम में मेरा यक़ीन है और मुझे लगता है कि इससे ही दुनिया बदलती है। इसलिए यही मेरी कविताओं का आधार रहा है।

प्रेम दुनिया के सबसे ख़ूबसूरत अहसासों में से एक अहसास है, जिसे हम न छू सकते हैं, न देख सकते हैं, बस महसूस कर सकते हैं। यह वह वृक्ष है जिसमें फल और फूल तो नहीं होते पर यह हमें तृप्त और सन्तुष्ट अवश्य करता है। जहाँ तक कविताओं का सवाल है तो कविताओं में कोमल भावनाएँ तो मिलती ही हैं, पर इसमें कटु यथार्थ के पहलू चाहे वो आँसू हो, ख़ुशी हो, प्यार हो, भूख हो या मौत हो समावेश होते हैं। इसलिए अक्सर मेरी कोशिश रहती है कि मेरी कविताएँ नदी की तरह सदैव गतिमान और उन्मुक्त झरने की तरह पवित्र तथा निश्छल रहें।

पैंतीस वर्षों के सक्रिय लेखन के बाद भी ऐसा लगता है कि ज़िन्दगी की पाठशाला से अभी भी मुझे बहुत कुछ सीखना है। क्योंकि प्रकृति का हर उपादान हमारे अन्दर जिज्ञासाओं को जगाता है और यही जिज्ञासा जीवन-दर्शन से हमें परिचित कराती है। एक बेचैन मन कभी-कभी प्यार और दर्द से अलग भी कुछ खोजना चाहता है, तभी वह अपने आस-पास की हर वस्तु से ख़ुद को आबद्ध करता है, उसे समझना चाहता है। हर क्षण हम सृष्टि के सच को जानना चाहते हैं। यह भटकाव, यह बेचैनी कई मरतबा हमें मथती है और तभी हमारे अन्दर की चेतना हमसे कुछ अनकहा-अनदेखा सा व्यक्त करा जाती है। 'अनेक पल और मैं' संग्रह में संग्रहित कविताएँ कुछ ऐसे ही मूल्यों पर आधारित हैं। बचपन से अब तक के भावों का संयोजन है यह संग्रह, जहाँ प्यार तो है ही उसके साथ ही अपने भी हैं, उनसे जुड़ी यादें भी हैं, मेरा देश भी है

और इन सब में केन्द्रित मेरी आत्मा भी शामिल है। उम्मीद है कि सुधीजनों तक अवश्य मेरी भावनाएँ पहुँचेंगी।

ज़िन्दगी की आपाधापी के बीच अगर यह कार्य सम्भव हो पा रहा है तो नि:सन्देह यह मेरे अपनों के स्नेह और सहयोग की वजह से ही सम्भव हुआ है। सच तो यह है कि मेरी और मेरी रचनाओं की सबसे महत्त्वपूर्ण समीक्षक और मार्ग-दर्शक मेरी पत्नी मीना चौधरी और मेरी ज़िन्दगी का सबसे अहम हिस्सा मेरी बेटी मेघा है जो मेरी प्रशंसक भी है और आलोचक भी। आलोचक इसलिए कि आलोचना के बग़ैर हम खुद को परिनिष्ठ नहीं कर पाते हैं। और इन सबके साथ मैं अगर 'आहना' का नाम न लूँ तो मैं पूर्ण नहीं हो सकता, क्योंकि वही तो है मेरी ज़िन्दगी में प्रेम की निरन्तर बहने वाली स्रोतस्विनी।

अपने स्व. माता-पिता और सृष्टि संचालक की असीम सत्ता के प्रति सादर निवेदित होते हुए मैं प्रस्तुत काव्य-संग्रह की भूमिका लेखन के लिए हिन्दी साहित्य जगत के प्रमुख हस्ताक्षर ओम निश्चल जी के प्रति कृतज्ञ हूँ। आपने अपने महत्त्वपूर्ण शब्दों से काव्य-संग्रह की महत्ता को बढ़ाया है। मुम्बई विश्वविद्यालय हिन्दी विभाग के प्रमुख और साहित्यकार, आलोचक, विश्लेषक डॉ. करुणाशंकर जी का आभार जिन्होंने एक विश्लेषक की दृष्टि से 'अनेक पल और मैं' को परखा और अपने विचारों को व्यक्त किया। डॉ. रमेश पोखरियाल निशंक (केन्द्रीय शिक्षा मन्त्री, भारत सरकार), सुप्रसिद्ध साहित्यकार श्रद्धेय डॉ. योगेन्द्र नाथ शर्मा 'अरुण' जी तथा प्रोफ़ेसर कमलकिशोर गोयनका जी के प्रति अभिभूत हूँ जिनकी शुभकामनाएँ मुझे हासिल हुई हैं। श्री दीक्षित दनकौरी जी का आभारी हूँ जिन्होंने हमेशा काव्य-सम्पादन क्षेत्र में सहयोग किया है और श्री सच्चिदानन्द मिश्र जी का आभारी हूँ

जिन्होंने प्रकाशन चयन में सहयोग किया है।

काव्य-संग्रह को सजाने-सँवारने और संयोजित करने के लिए हृदय से रचना भगत जी का आभारी हूँ। साथ ही नाम लेना चाहूँगा अनुजा डॉ. श्वेता दीप्ति का जिसने काव्य-संग्रह का सम्पादन कर इसे प्रकाशन के पड़ाव तक पहुँचाया है। अन्त में, इस उम्मीद के साथ कि आपका प्रोत्साहन अवश्य मिलेगा, अपने सभी शुभचिन्तकों, पाठकों के प्रति कृतज्ञता व्यक्त करता हूँ।

—बसन्त चौधरी

अनुक्रम

कुछ पलों को बिखेरती

मेरी क़लम

1

मैं

नहीं जानता मैं
कि ये कोई उलझन थी
कोई असमंजस था
किसी प्रकार की उधेड़बुन
या अचेतन अवस्था थी
नहीं जानता मैं।
हाँ! इतना ज़रूर जानता हूँ कि
मैं विचलित नहीं था
और यह भी कि
पथभ्रष्ट तो कतई नहीं था
किसी अवचेतन अवस्था की पीर
मेरे मस्तिष्क पर छायी थी
परन्तु यह नींद नहीं थी।

इसी अवचेतनावस्था में
ख़ुद को खोजता हुआ
सोचता हूँ कि क्या
मैं दबा हुआ था
अपने कर्मों या अपने स्वार्थों के
या सांसारिकता के मोह तले?
नहीं! नहीं!!
शायद यह भी सच नहीं
तो क्या मैं और मेरी आत्मा
दब चुके थे,
भावनाओं को दफ़न कर

ज्ञान के भारी बोझ तले
गहरे कहीं बहुत गहरे?

या फिर सिमट चुके थे
अहंकार की खोल में,
सामाजिकता की लाज में,
और मैं बन्द हो गया था
उस कछुए की भाँति
जो ज़रा सी आहट पर
ख़ुद को क़ैद कर लेता है
अपने कठोर कवच के भीतर
शायद यह सच था,
फिर आज गुज़रे वक़्त के साथ
ये कैसी कशमकश
क्यों आज मेरी बन्द आँखें
खुलना चाह रही हैं
तब, जब थका और बोझिल वक़्त
खींच रहा है अपनी ओर
आँखें कई तस्वीरों को
क़ैद किये बन्द हो जाना चाहती हैं
आख़िर क्यों खुलना चाहती हैं
वर्षों से बन्द आँखें इस वक़्त??

2

किताब

मैंने अक्सर महसूस किया है
कि, मैं जब भी किताबों की
दुनिया में प्रवेश करता हूँ,
तो खिल उठते हैं रंग-बिरंगे
भावनाओं के अनगिनत फूल
जिनमें शामिल होते हैं
कभी तो संघर्षों के पहाड़,
कभी निराशा के
अथाह असीमित सागर,
किन्तु यह अधिक समय तक
टिकते नहीं क्योंकि,
अगले ही क्षण
आकर सँभाल लेती हैं
बाधाओं को पार करने की
अनुभवों की अनन्त
उत्तम उक्तियाँ उन्हीं पन्नों से।

कई बार इन्हीं किताबों के मुड़े
पन्नों के बीच से
बिखर जाती हैं अपरिमित
यादों की ख़ुशबू,
किताबों के बीच वर्षों से दबे
सूखे पुष्प की हँसी के साथ।

निकल आती हैं सुखद साथ की
कुछ परछाइयाँ और
बतियाने लगती हैं मुझसे
सामने ला खड़ा करती हैं
अतीत के झरोखे से
कुछ खट्टी-मीठी, अल्हड़-सी यादें,
सुहावनी, मनभावनी।

जो समा जाना चाहती हैं मुझमें
और आहिस्ता-आहिस्ता मैं
उपवन, पहाड़, सुगन्ध और
यादों से भरी पंक्तियों में
रूपान्तरित हो जाता हूँ।
और फिर मैं, मैं नहीं रहता
बन जाता हूँ एक पूरी किताब।

3

चिन्तन

आवश्यक है, शायद
तन की शुद्धता
बाहर दिखावे के लिए
या फिर सीधे-सादे
सरल-मना लोगों को
भ्रमित करने के लिए
या यूँ कहूँ कि,
कुछ हद तक लोगों को
बहलाने के लिए भी
किन्तु सच तो यह है कि
यह लम्बे समय तक
न समाज और न ही लोगों को
भ्रमित कर सकती
एक दिन
झूठ का आवरण हटता है।

किन्तु! इससे भी बढ़कर
हानिकारक है, मन की अशुद्धता,
जो तन-मन सहित हनन कर लेती है
हमारे आचार-विचार को भी
और कुण्ठित कर देती है
चेतना तथा चिन्तन की क्षमता को।
स्वीकार नहीं कर पाता सच को
मन की अशुद्धता
विकृत कर देती है बुद्धि को भी।

क्योंकि चिन्तन के लिए
महत्त्वपूर्ण है,
शुद्ध आत्मिक, सात्विक
और सार्वभौमिक मनन।
आवश्यक है,
तन-मन की शुद्धता
और बुद्धिमत्ता,
ताकि किया जा सके
चिन्तन! विशुद्ध चिन्तन!!

4

अवचेतना

चाहे-अनचाहे
मेरे मानस की स्मृतियाँ
धुँधली हो रही हैं
काल मिटा रहा है निशान
कैसे रोकूँ इस काल की चाल।
उद्दण्ड मानता ही नहीं कोई मानक
बेलगाम यह घमण्डी मन
काल के बन्धन से स्वतन्त्र
स्वछन्द सोच का धारक।

क्या मन्थर पड़तीं स्मृतियाँ
क्षीण होती सोच का है अनुवाद
क्या भोर की नव किरणें
अन्धकार का अन्त करने
रवि की हैं प्रचारक?

प्रश्न तो है
काल के बहाव में
जीवन चढ़ाव में
हृदय की वेदना
अशान्त चेतना
इठलाती
संवर्धित अवचेतना!

5

सायास

कितनी पावन
ख्याति प्रेम की
जो सजाती एक उत्सव
क्यारियों में।
नेह का, अपनत्व का
हिमाच्छादित चोटियों-सा
शीतल और
उच्च! एक भव्य उत्सव।

तुम्हारा आना
मिलना-मिलाना
बैठना, इठलाना
अचानक चहकना,
खिलखिलाना
करना अनुपम नाद भी
और फिर दूजे ही पल
ओढ़ लेना
झीनी चादर मौन की।

एक दस्तूर सा लगने लगा है,
तुम्हारा नज़रें झुकाकर देखना।
सुनियोजित, सुनिश्चित
जानता हूँ मैं,
वह सायास था, अनायास नहीं।

6

हसरतें

कितने प्यारे
कितने सुन्दर, मनभावन
वो रिश्ते
जो सायास नहीं बनाये थे,
अनायास ही बन गये थे
देव कृपा से
कुछ पावन रिश्ते।

कुछ ख़्वाहिशें
पल रही थीं दिल में
वो भी रह गयी थीं अधूरी
किन्तु,
उन्हें सँभाल कर रखा मैंने

जबकि,
उन टूटे रिश्तों,
अधूरी ख़्वाहिशों को
जोड़े रखने की सभी सम्भावनाएँ
हो चुकी हैं क्षीण

अब चाहत है
उन सबको भूल जाने की,
नहीं! भूलने की नहीं
उन्हें दफ़नाने की

दिल के एक कोने में
जहाँ सभी सुरक्षित रहें
मेरे संघर्ष, मेरे रिश्ते, मेरी ख़्वाहिशें
और तमाम हसरतें।

7

अनुभूति

कविता का मधु रस
उसका अनोखा
अनुपम स्वाद
जब मुझमें समाता है
एक अलौकिक
आनन्द दे जाता है

अन्धकार का रास बन जाते हैं
मेरे छन्द, मेरी कविता
तृप्ति का मधुमास लुटाते हैं
किन्तु इस मधुमास में भी
मेरे होंठ, हृदय सूखे हैं
मैं सहरा का शुष्क मरुस्थल
युगों-युगों से प्यासा हूँ,
और आज भी
प्यासा ही हूँ।
इस प्यासे मरुस्थल में
कुछ बहकी-सी और लरजती
आन्तरिक वाणी
जो तुमसे गुज़र कर
तुम्हें छूकर आती है
वो दे जाती है
एक अनिर्वचनीय
अनुभूति और सुख।

8

कोना

हमेशा ज़रूरत महसूस होती है
हर एक मकान में
एक बेहतर कोने की
एक ही नहीं अनेक कोने की

ऐसा भी नहीं कि
मकान में कोने नहीं होते
होते हैं, क्योंकि उसी कोने पर
टिकी होती है मकान की आधारशिला
उनमें से ही कुछ कोने
निर्मित किये जाते हैं
किसी सजावट की ख़ातिर
तो कभी आगन्तुक अतिथि की
आवभगत की ख़ातिर
बावजूद इसके एक ज़िम्मेदार कोना
ज़रूर हो हर एक मकान में

जी हाँ! ज़िम्मेदार!
जो न सजावट हो
न ही बतियाता हो
एक निस्तब्ध कोना
जहाँ रखा जा सके पुराना
कबाड़ ही नहीं,
जीर्ण-शीर्ण होता बूढ़ा शरीर भी।

जिसे हर आने वाला मेहमान
निहारे किसी प्रिय धरोहर की तरह!
और
आस्था या अनास्था के
श्रद्धा-पुष्प अर्पित करें
हाथ जोड़ कर या बेरुखी से
चुपचाप आगे बढ़ जायें
अपने अन्तस् में
ख़ालीपन का अहसास लिए
ज़रूरी है ना एक ऐसा कोना?

9

स्वर्ग - अप्सरा

गोधूलि में अक्सर
जब क्षितिज के छोर पर
जहाँ मिलते हैं धरती-आकाश
उस गोधूलि अनुपम वेला में
लौट रही गायों और
धूलकणों के संग
तुम्हारी याद भी
स्वर्णिम आभा लिए आती है
और मुझे छू जाती है।
फिर दिल-दर्पण में एक प्रतिमा
रह-रह कर उभरती है
जैसे कोई स्वर्ग की अप्सरा
जो मेरे सूने मन-मन्दिर में
यादों के संचित निधि-कलशों
के साथ स्थापित होती है
और दीप्त कर जाती है
मन्दिर का हर कोना।

10

आवरण

तुम्हें देखकर उपजती है
मेरे भोले-भाले, निश्छल
या कहूँ चंचल मन के
किसी उद्दण्ड कोने में
कुछ अजीब सी कामना

चाहता हूँ
अन्तस् पिपासा की शान्ति,
अतृप्त अभिलाषा की पूर्ति
क्षणिक आत्म-सुख से
आनन्दित होने की आस में
फिर भटक जाता हूँ
अपने आप से

ओढ़ता हूँ एक आवरण
और ढक लेता हूँ
अपने अनिश्चित लक्ष्य,
और अपनी कामना को।

11

धड़कन

मेरी साँसें
मचल रही हैं,
उलझ रही हैं
मैं उन उलझी साँसों में ही
तेरी ख़ुशबू पा रहा हूँ
और समेट रहा हूँ दिल में।

देखता हूँ यादों के आईने में
तुम आज भी नहीं बदली हो
तुम्हारी मुस्कान,
क़दमों की आहट,
साँसों की असहज रफ़्तार
जो निरन्तर
मुझे स्पर्श करती रहती हैं
जिन्हें मैं महसूस करता हूँ

मेरी धड़कन
आश्वस्त करती हैं मुझे
दिगन्त में कहीं भी रहो तुम
प्रसन्न ही रहोगी।

मैं आँखें बन्द करके भी
अनुभव कर लेता हूँ।
तुम्हारे सुख-दुख, ताप-तपिश

क्योंकि, तुम
मेरी धड़कन में नहीं
बल्कि तुम
मेरी धड़कन ही हो।

12

मौन-सम्प्रेषण

बोलो, मौन क्यों हो
ख़ामोशी को परे रखकर
अपने अन्तरमन को खोलो
बहुत कठिन है ध्येय छुपाना,
व्यक्त करो व्यथा निधि की।

क्योंकि
दिल-दरिया के भाव सहज ही
नज़रों के आँगन में आकर
सारी बातें बता चुके हैं
शब्दों ने नहीं, भावों ने
राज़ खोल दिये हैं
बेशक
पलकों पर है ताला,
किन्तु
नेह-नीर बह निकली है
आँखों की कोर से
पावन गंगा बन।

क्या अब भी आवश्यकता है
शब्द-जाल के आडम्बर की
या
किसी अन्य माध्यम की?
बस काफ़ी है तुम्हारा
मौन समर्थन!!
अव्यक्त मौन सम्प्रेषण!!!

13

शीतल चाँदनी

हे! शरद की शीतल चाँदनी,
तुम्हारी शीतलता भी
पौष की गुनगुनी धूप-सी लगती है
कभी सघन वृक्षों की छाँव
तो कभी सरवर में उठी
नटखट लहर-सी लगती है
लगता है
तुम ललित कलाओं में
निपुण हो सुहासिनी
हे मृदुभाषिणी!
तेरी रसयुक्त, मधुर
वाणी से परे
तेरे नयन
तीक्ष्ण बाणों
की नुकीली धार सी हैं।

मेरे मन-मन्दिर में
जब से हुआ है तुम्हारा आगमन
बस तुम्हारी ही सुगन्ध बसी है
मेरी श्वासों में,
और झंकृत कर रही है
मेरे रोम-रोम को
रोमांचित हो रहा है
भीगता अन्तर्मन मेरा
हाँ! चमत्कृत भी।

14

याद

भले ही

मत आ तू
बाँध ले या छुपा ले
मेरे सुनहले सपने

तोड़ दे सारे
बँगले, अटारी

पहुँचा दे मुझे
रसातल में
या डुबो दे
मेरे मन को
गहरे दर्द के समन्दर में
कर दे टुकड़े-टुकड़े
मेरे शरीर के, मेरी चाहत के

परन्तु मैं हार
नहीं मानूँगा
और न ही
भिक्षुक की भाँति
हाथ फैलाऊँगा
तेरे सामने
नम नहीं करूँगा
मैं अपनी आँखें

बल्कि देखूँगा
उन्हीं भीगे नयनों से
वो सपना
जहाँ भरा है
मेरे जीवन का आनन्द
सुन ले याद!
ओ सुनहली, रुपहली याद!!

15

प्रकाश-पर्व

आज दीपोत्सव है
प्रकाश-पर्व
अन्धकार के अन्त का पर्व।
अन्धकार!
हाँ! घोर अन्धकार
जिसने लील लिया है
सातों द्वीपों के जोश को
और आतुर है निगलने को
समस्त मानव जाति को
आततायी बन कोरोना।

किन्तु
हारना नहीं है इससे
बल्कि हराना है
सम्पूर्ण विश्व से भगाना है
इस अदृश्य दानव को।
आओ
आह्वान करें उस प्रकाश का
अपने-अपने घरों में जलाकर
नौ नन्हे दीपों को।
बाज़ार या चौराहे पर नहीं।
प्रज्वलित करें घरों के भीतर
और मिटा दें अन्धकार को।

16

पौष की सुबह

पौष की सुबह
चारों ओर धुन्ध,
घना कोहरा
ओस से ढकी दूब
सिहराती शीत लहर
जमता हुआ तापमान
ठण्ड की गिरफ़्त में
अकड़ा हुआ... तन-बदन

ऐसे में अगर एक झलक
जो तुम्हारी मिल जाती
तो नस-नस में जमा रक्त
पिघल कर फिर से दौड़ने लगता
घने कोहरे में पत्तों पर पड़ी
ओस के कण भाप बन जाते
मचल जाता शीत का प्रीत
बढ़ जाती साँसों की ऊष्मा
और ठिठुरती रात में
तप्त अहसासों के बीच
सुलगने लगते मन
स्फुट से स्वर
पुकारते तुम्हें... एक बार
सिर्फ़ एक बार

तुम आ जाओ ना
देखो!
नशीली पौष
कैसे सुहानी हो जाती है।

17

बिटिया

मात-पिता का जीवन बिटिया,
वीणा की सरगम में बिटिया।
मान पिता का माँ की धड़कन,
घर की पुख्ता छाँवन बिटिया॥

तुलसी सी ज्यों पूजित-पावन है,
पूजन की सामग्री बिटिया।
दो-दो कुल की लाज निभाये,
सात जन्म तक रानी बिटिया॥

शक्ति रूपअवतारी है वो
पूजित सब धर्मों में बिटिया।
उमा, रमा, सीता, ब्रह्माणी,
सर्वलोक सर्वोत्तम बिटिया।

मृदु वाणी से जग को भाती,
तन-मन प्यास बुझाती बिटिया।
ज्येष्ठ मास सावन हो जैसे
यूँ ठण्डक बरसाती बिटिया॥

रिश्ते-नाते सभी जानती,
परिवारों की सेतु बिटिया।
हँसकर विदा पिता से लेती,
संस्कार ले माँ से बिटिया॥

18

धूप-छाँव

सुख और दुख
जीवन में धूप और छाँव
की तरह ही तो हैं
आते हैं और जाते हैं
और फिर छोड़ जाते हैं
हमारे मानस-पटल पर
अपने असंख्य प्रभाव
कभी देखा है धूप को
कभी सामने, तो कभी पीछे
कभी बायें, कभी दायें
और कभी जब
पूर्ण जवाँ होती है तो
हमारे सिर पर नाचती है।
पर छाँव कभी नहीं मिलती
उस तप्त रूखी धूप से
पर कायम रहती है
उसके समानान्तर
उसी प्रकार जैसे
सुख-दुख नहीं मिलते
एक दूसरे से
पर साथ होते हैं
हमारी ज़िन्दगी के

जीवन की गति यही है
और पूर्णता भी इसी से है

जीवन के तत्त्व
धर्म, धैर्य, साहस और सत्कर्म
ही आधार हैं जो हावी रहते हैं
धूप-छाँव या सुख-दुख पर।

19

माँ

माँ!

ज़िन्दगी की भाग-दौड़ में
किस मुकाम पर आ गया हूँ मैं
जहाँ नहीं है कहीं भी मेरे आसपास
तुम्हारी कोमल आवाज़
नहीं सुन पा रहा तेरी लोरी की
मधुर स्वर-लहरी।

माँ!

आजकल हो गया हूँ मैं आत्मकेन्द्रित
इसीलिए तो अब कभी सपने में भी,
नहीं देख पाता तेरी ममता की छाँव
नहीं पी पाता
तेरे जीवन रस की बहती अमृतधार

माँ!

भुजाएँ होने लगी हैं अब शिथिल
इसीलिए भर नहीं पाता
बाँहों में तेरा अहसास

माँ!

मेरे पैर भी अब थकने लगे हैं
नहीं दौड़ पाता तत्परता से
इसीलिए यह पहुँचा नहीं पाते
मुझे तेरी छत्र-छाया तक

माँ!

थकना नहीं चाहता हूँ मैं
आज भी सतत जूझ रहा हूँ
जीवन चक्र से
किन्तु हर क्षण बस सोचता हूँ
पा सकूँ कुछ पल सुकून के
तेरे आँचल की छाया में
भूल जाऊँ जीवन के हर
तप्त तीखे अनुभवों को
माँ बस तेरा आँचल चाहता हूँ।

20

बाबू जी

बाबू जी!
मैं अब रूठता नहीं हूँ
क्योंकि अब मैं बड़ा हो गया हूँ
बिल्कुल आपकी तरह
कोशिश करता हूँ बनूँ आप जैसा

बाबू जी!
मुझे मेघा में दोष नहीं दिखते
वैसे ही जैसे आपको
नहीं दिखते थे मुझ में
आप मुझे
सपने में भी नहीं डाँटते,
बस समझाते हैं पहले ही की तरह।

बाबू जी!
मेरे क़दम होने लगे हैं शिथिल
इसलिए कर नहीं पाता शरारतें
जैसी आपके सामने करता था।

बाबू जी!
लेकिन मैं थका नहीं हूँ,
इस दुविधा भरे संसार से
अपने हालात को ढोते हुए,
जूझते हुए इन कठिनाइयों से
क्षण भर के सुकून के लिए
प्रतीक्षारत हूँ आपकी छत्रछाया का

बाबू जी!

आज भी चाहता हूँ आपसे
वही हौसला, वही सम्बल
जिसने हर क़दम पर
साथ दिया है मेरा
आप यहीं तो हैं कहीं
हर पल मेरे आसपास
क्योंकि मैं महसूसता हूँ
बस चेतना में सुन नहीं पाता
आपको, हाँ बाबू जी
आप हैं मुझमें क्योंकि
आपकी ही प्रतिच्छाया हूँ मैं।

21

आँगन का वो दरख़्त

आँगन में खड़ा वो दरख़्त
चुपचाप ख़ामोशी से खड़ा
न जाने कितने मौसम देखे हैं
बैसाख-जेठ की तपती धूप देखी है,
आषाढ़ सावन की बारिश भी
फागुन की रूखी हवा के थपेड़े और
शाखों से विलग होते पत्तों का दुख भी
पर इन सबके बीच इसे
हमेशा इन्तज़ार रहा है
पतझड़ के बाद आने वाले बसन्त का
यह अडिग रहा अपनी ज़मीं को
मज़बूती से थामे हुए
इस यक़ीन के साथ कि
शाखाएँ फिर हरी होंगी
नयी कोपलें टहनियों पर
फिर इठलाएँगी और
एक बार फिर, दरख़्त की क़िस्मत
बदल जायेगी
मुस्कुरा उठेगी उसकी दुनिया।

22

भीतर कितने छुपे आदमी

भीतर कितने छुपे आदमी,
कर दे आज हिसाब आदमी।
अन्धकार की काट बेड़ियाँ,
बन बैठा महताब आदमी॥

गिरते-पड़ते, ऊपर चढ़ते,
एवरेस्ट का बना विजेता।
प्रगति के नव सोपानों में,
देवों की ज्यों बना प्रणेता॥
लेकिन जितना आगे बढ़ता,
गिरा, उठा नायाब आदमी॥
भीतर कितने छुपे आदमी,
कर दे आज हिसाब आदमी।

सब कुछ पाकर विडम्बना है,
मानव कब मानव बन पाया,
भीड़तन्त्र के जग में खोया,
मौन स्वयं ख़ुद में उलझाया॥
निडर खड़ा पल प्रलंयकारी,
कोलाहल में ख़्वाब आदमी॥
भीतर कितने छुपे आदमी,
कर दे आज हिसाब आदमी।

थका नहीं तू, रुका नहीं है,
बढ़ता रहा अनवरत पथ पर।
साम्राज्य जग में फैला कर,
सदा रहा कब उच्च शिखर पर।।
कभी रसातल, दलदल डूबा,
इसका कौन जवाब आदमी।।
भीतर कितने छुपे आदमी,
कर दे आज हिसाब आदमी।

23

मेरा घर

अविचल खड़ा हुआ
मेरा घर
अपनी स्नेह भर
नज़रें जमाये रहता है वो
हर आने-जाने वालों पर
चाहे वह कोई घर का हो
या हो मेहमान या कोई अजनबी
मजाल निगरानी में
कोई कोताही हो जाये।

वैसे ही सजग है मेरा घर
जैसे कोई परिवार का वयोवृद्ध
पिताजी या दादाजी से भी ज़्यादा सजग
हाँ! माँ की अलग बात है,
माँ जगती रहती है सबके लौट आने तक
किन्तु वह भी आश्वस्त हो कर
कुछ सुस्ताने लग जाती है

किन्तु नहीं सोता कभी मेरा घर
बाट देखता है आज भी
घर के हर सदस्य की
मेरी भी राह तक रहा है
और एक मैं, जो उसे भूल बैठा हूँ
शायद

नहीं! याद है कुछ धुँधली सी
क्योंकि मैं बहुत छोटा था
उससे बिछड़ते समय

अब जर्जर हो गया है मेरा घर
भूला-बिसरा या टूटता घर
मेरी ही नहीं सभी परिजनों की
यादों को सँजोए खड़ा
बाट जोहता
खँडहर बनता हमारा प्यारा घर।

24

क्यों ?

सम्बोधन!
हाँ, हाँ! सम्बोधन!!
हर किसी की विशिष्ट पहचान
के लिए बना शब्द ही
कहलाता है सम्बोधन
होता है सभी पुरुषों के लिए
और नारियों के लिए भी!
एक स्थायी या अस्थायी पहचान
स्थिर या बदलती हुई पहचान
प्रायः पुरुष की रहती है स्थिर
किन्तु बदलती रहती है नारी की
कभी बेटी, कभी बहिन
कभी किसी परिवार की बहू,
कभी पति की पत्नी,
कभी बच्चों की माँ, दादी-नानी
और भी बहुत से रिश्ते
सब के सब अस्थिर सम्बोधन
नारी के लिए!
और अन्त में वह
स्वयं भी भूल जाती है
स्वयं का नाम
वह जो मिला था कभी
मात-पिता से
क्यों?

25

अस्तित्व या आत्मा

मेरा 'मैं' होना
बस तुम ही तो हो,
प्रिय! विनती है
मेरा वह 'मैं' लौटा दो!
सर्वोत्तम से ढाँप नग्नता,
आत्म और अस्तित्व,
सजा दो!!

तुम्हारा मुझ में बस जाने से,
दुनिया है आबाद समझ लो!
बहके या मूर्च्छित से नभ को
सजा-धजा ब्रह्माण्ड समझ लो!!
भर आँचल में अनगिनत तारे
गहन नींद से मुझे जगा दो!!

मुझ बिन तुम भी पूर्ण कहाँ हो,
इसका कुछ आभास हुआ क्या!
अपना सम्यक मुझे सौंप कर,
तुझको मृदु अहसास हुआ क्या!!
तुम मेरा सच्चा पूरक बन,
जग को इक सन्देश नया दो!!

26 सुवासिनी

हे सुवासिनी!

अनायास या अप्रत्याशित नहीं है
यह तुम्हारे होठों पर
चंचल और बिखरी हुई मधुर मुस्कान
बल्कि प्रतिबिम्ब है
मेरी पलकों से निकले
अपनेपन का
अपनत्व का मधुर गान
प्रिय आओ!
हम और तुम मिलकर करें
एक दूसरे के लिए आराधना
भूल जायें अपने अस्तित्व की
अलग पहचान को
रख लें अपने पवित्र प्रेम की
आस्था के विश्वास को
और रंग डालें
हमारी पावन आकांक्षाओं की
रंग भरी तूलिका से
सम्पूर्ण वसुन्धरा का परिधान।

27

प्यास

सरस सावनी वात बहती
कानों में कुछ कह जाती है
अन्तर्मन की पीड़ा को वह
नव आयाम थमा जाती है
भीगा-भीगा तन वर्षा में
जेठ मास की तपन दिखाये

धरा ओढ़ हरियाली नाचे
विरहन की विचलन को बाँचे
वर्षा की शीतल फुहारें
मन में दुगुनी अगन लगाये
रह-रह कर पुरवैया बैरन
पुन: मिलन की पीर जगाये

अब फागुन में प्रीत अधूरी
सराबोर होने वाली है
जनमों से जिस ख़ातिर तड़पे
वह पूरी होने वाली है
पीर पुरातन बुझ जायेगी
फिर भी
तन की प्यास सवाली।

28

प्रेम का सन्देश

भेजता हूँ ऐ प्रेमी!
प्रेम का सन्देश तुमको
कर कृपा अपना ही लेना।

तुम रहे ख़्वाबों में हरदम
और दिल के पास भी है
वीथियाँ अनजान हैं सब
पर क़दम सब जानते हैं
जब मिले खुलकर हँसे
भूल कर सारे गिले
रह गयीं बाँहें बिलखती

पर कवित्त में तुम रहे नित
बोल कैसे भूल जाऊँ
चाह तो अब भी प्रबल है
खेल अद्‌भुत रच न देना
जानकर बिसरा न देना
आत्म सन्तुष्टि सदा ही
दे रही अब भी दिलासा
होगा मिलन बस धैर्य रखना
चाह को मत छोड़ देना
प्रेम को मत भूल जाना।

29

क्या तुम्हें पता है

तुम्हें पता है?
जब तुम नहीं होतीं!
तुम्हारे बिना,
मैं
रेगिस्तान-सा हो जाता हूँ!
अन्दर बाहर
सुनसान
वीरान
बियाबान-सा हो जाता हूँ!!

तुम्हें पता है?
जब तुम नहीं होतीं
तुम्हारे बिना,
फूल, कलियाँ, नजारे
चाँद, सूरज और सितारे
कितने बेमानी लगते हैं?
उजाले धुँधला जाते हैं
अरमान मुरझा जाते हैं
दिन गुज़रता नहीं
शाम ढलती नहीं
लाख काटने पर भी,
रात की स्याह चादर कटती नहीं!

तुम्हें पता है?
जब तुम नहीं होतीं

तुम्हारे बिना,
सूनेपन से घिरा
वीराने में,
अकेला खड़ा
धूप में जलते हुए,
दरख़्त जैसा हो जाता हूँ!
धुआँ-धुआँ सा,
रास्ता देखते-देखते,
पथराई आँखों से,
तुम्हें ढूँढ़ते-ढूँढ़ते
ख़ुद न जाने कहाँ खो जाता हूँ!

तुम्हें पता है?
जब तुम नहीं होतीं
और अचानक
भूला-भटका,
हवा का कोई ख़ुशगवार झोंका
तुम्हारे होने का,
एहसास दिला देता है
उम्मीदें जगा देता है
तो मेरा दीवानापन,
अँधेरे दिल के,
गोशे-गोशे में,
चाहतों के चराग जला देता है!

तुम्हें पता है?

जब तुम नहीं होतीं
तुम्हारे बिना,
तुम्हारे होने का,
यह एहसास
मेरे सारे वजूद में
मोहब्बत के फूल खिला देता है
तुम्हें पाने का शौक़ बढ़ा देता है
तुम्हारे बिना,
अकेला अधूरा हूँ
फिर भी,
प्रिय!
तुम मेरी हो
इस यक़ीन की वजह से
ज़िन्दा हूँ!

30

बसन्त के रिश्ते

अनुपम आभा लिए किसलय
हरित क्रान्ति के संवाहक
वृक्षों की शाखें
अद्भुत श्रृंगार किये हुए
खिल रही हैं कलियाँ
फूलों से लदे पौधे इतरा रहे हैं
जैसे मदपान किये हुए हों

बगिया में अशोक वृक्षों की क़तार
अद्वितीय रूप लिए हुए
जहाँ संचरित हो रहे हैं
प्रेम प्रीति तथा प्यार के
नैतिकता से सराबोर बन्धन
या बसन्त के रिश्ते।

31

प्रेम-प्रतीक्षा

बहकता प्रेम-प्रतीक्षा साज
ताक रहा हूँ अपलक तुझको,
भव्य नवल ऋतुराज।

भाव-भूमि है मिलन सुरक्षित,
बिछुड़न भय का भान नहीं।
डगमग करती नाव नदी में,
व्याकुल नज़रें देख रहीं।।
बहका वृक्ष बसन्ती धुन में,
त्याग रीति-रिवाज
बहकता प्रेम प्रतीक्षा साज।

सूर्य अस्त हो जाने पर भी,
चुम्बन धूप अभी भी बाक़ी
उमड़ रहा मेरे सीने से,
अश्रु-धार पलकों में पाकी।।
चंचल, चोर, तपन मिलने को,
छुपा न पायी राज
बहकता प्रेम प्रतीक्षा साज।

मुस्कानों की अँगड़ाई में,
मस्त छवि उपहास करे।
रस के लोभी भ्रमर दिवाने,
फूल कली संग रास करें।।
बाँह पाश में बँधकर प्रियजन,

भूले लोक लिहाज।
बहकता प्रेम प्रतीक्षा साज।

तुम क्या जानो विरह वेदना,
जलन धूप की हरियाली।
जब-जब मैं खोया हूँ तुझ में,
बहक गयी मादक डाली।।
हिंसक बन मतवाला फागुन,
झपटे जैसे बाज।
बहकता प्रेम प्रतीक्षा साज।

32

काल बना सूक्ष्म कोरोना

रथ के पहिये थम गये
जो जहाँ है, वहीं रुक जाये
मुनादी करवा दी गयी है
छुप जाओ अपने घरों में

आ गया है मानवता को निगलने
निकल पड़ा है रक्त बीज
सभी गाँव-गली, क़स्बे-नगर
सावधान हो जायें

नहीं छोड़ने वाला,
आतुर है निगल जाने को
भूलो रमना होली वृन्दावन की
भूल जाओ धर्म-जाति को
देश-विदेश को, अपने-पराये को।
एक अदृश्य सूक्ष्मजीव
पाँव पसार चुका है संसार में

यह कैसा वायरस आया है
जो निशंक बढ़ता जा रहा है
लाँघ रहा है पर्वत, नदियाँ, सागर
कोई है सक्षम जो रोक सके
या कोई है सरहद
जो माँगे इससे वीजा
और मना कर दे प्रवेश
इस अदृश्य दानव का!

अरे ओ! पशु-पक्षियों के हन्ता,
भक्षण कर्ता मानव!
आज ये सब
स्वछन्द विचरण कर रहे हैं
बिना वीजा और पासपोर्ट के
और तू?
दुबका पड़ा है अपने दड़बों में
श्वाँस लेने के लिए भी
मास्क रूपी वीजा चाहिए।
और वह भी मान्य है
बस तेरे घर में ही
नहीं जा सकता गलियों में,
सड़कों पर मास्क का सहारा लेकर भी
क्योंकि, बाहर है लॉकडाउन
क्यों भयग्रस्त है
अनजान सूक्ष्मजीव से

हत्यारे मनुष्य तूने
बहुत चटखारे लिए हैं
जानवरों का, पक्षियों का भक्षण करके
अब क्यों भाया है शाकाहार?
आक्रोश है यह
निरीह जीवों का, प्रकृति का
तेरे कुकृत्यों के लिए।

उजड़ न जाये यह
हरी-भरी वसुन्धरा
मत बना देना इसे
पालीवालों की कुलधरा।

क्योंकि कोई नहीं बचा पायेगा
इस सूक्ष्मजीव के
अट्टहास से भव्य संसार को
अब बचेगा केवल
धीरे-धीरे मन्द पड़ता हुआ रुदन
बन जा युगद्रष्टा
समझ जा, सँभल जा
कहीं सूक्ष्मजीव
बन ना जाये डायनासोर
और तू हो जाये
बीते कल की बात!!

33

संवेदनाएँ

कँटीली झाड़ियों में
उगे नुकीले काँटों के
जाने या अनजाने छुअन से
रिसता दर्द
चकमक पत्थरों की रगड़ से
धूल-धूसरित राहों में
लगी आग से
जलता दर्द
पैरों में चुभते
राह पड़े कंकड़ों से
उपजा दर्द
इनसे ही अक्सर
जन्म लेती हैं या पनपती हैं
संवेदनाएँ।
कभी-कभी बादलों की
गड़गड़ाहट से
प्यासे खेत की बंजर मिट्टी से
हवाओं की बदलती दिशाओं से
सुख-दुःख में डूबती-तैरती
किसानों की आशा भरी निगाहों से
फिर-फिर जन्म लेती हैं
संवेदनाएँ।
और कभी भूख से बिलबिलाते
बचपन को जब मिल जाता है
माँ का वात्सल्य भरा आँचल

आँखों में सजते हैं जब
भविष्य के सुनहरे सपने
तब संवेदनाओं की जगह
जाग्रत होती हैं
भविष्य के लिए
असीमित सम्भावनाएँ!!

34

बचपन

निर्मल, निश्छल
पाक पवित्र
अपने पराये के भावों से
रहित सहज सुख से
सराबोर बचपन

हँसी-ख़ुशी का ख़ज़ाना
भूतकाल की पीड़ाएँ और
भविष्य की आशंकाओं
से अनभिज्ञ, मुक्त
प्यारा सा बचपन
धूल, धूसरित तपस्वी
खेत की यज्ञशाला में
संकल्पित किसान
ढूँढ़ता अपना खोया हुआ
अभावग्रस्त बचपन
अभिशाप है बड़ा होना
और बड़ा दिखने की लालसा
नहीं सुहाता, नहीं जँचता
न ही पचा सकता है
इस पत्थर जैसे भाव को
एक अबोध बचपन
बहुतों के भीतर
बसता है और
अकड़ता भी है

किन्तु खलता है
बनावटी, दिखावटी
भारी-भरकम अनगढ़
उदासीन, अकेला
तड़पता बचपन।

35

भीतर सन्नाटा

नगरों की वीथियों से
गाँव की पगडण्डियों से
कुछ खो गया सा लगता है
कुछ नहीं बल्कि
बहुत कुछ खोया सा है
पर क्या और क्यों
क्या कुछ सपने
जो सजे रहते थे
हर चौराहे पर, नुक्कड़ पर
जो आज चुप्पी की
चादर तले ढँके पड़े
कुलबुला रहे हैं
कोलाहल कराह रहा है
पर क्यों?
अजीब
किन्तु सत्य, सौ प्रतिशत
यहाँ-वहाँ
जहाँ तक पहुँच रही है
नज़र, सोच
विचारों का आदान-प्रदान
सभी हो गये हैं शून्य
पर क्यों?
अरे! परछाईं भी
कहाँ छिप गयी है
जो हमेशा रहती थी मेरे साथ।

ना तो कुछ दिखाई दे रहा है
और ना ही कुछ
समझ में आ रहा है
घुटन है, घबराहट है

सारा वातावरण ही हो गया है
बोझिल पर क्यों?
यत्र-तत्र या कहूँ सर्वत्र ही
बना हुआ है एक घेरा
वैसे ही जैसे सूर्य ग्रहण के समय
बन जाता है वलयाकार घेरा।
नहीं! नहीं!!
बिखरा हुआ है कण-कण में

हर घर आँगन में
नहीं! कदापि नहीं!!
आज तो फैला हुआ है
सन्नाटा!
परिवेश में ही नहीं!
हृदय में भी पसरा हुआ है
भीतर तक सन्नाटा

36

क़लम

रुक-रुक के चल,
सँभल-सँभलकर चल
भले बहक कर चल
मचल कर भी चल
किन्तु
चलती रहना
बिना थके,
बिना रुके, चल! चल!!
क्या ग़ज़ब का मुकाम आया है
जो मजबूर कर रहा है
फिर भी चलने को
अपने परायों को परखने को।

साथ कौन है आज?
क़दम से क़दम मिलाकर
अगली मंज़िल को पाने के लिए
कहे चल! चल!!
थोड़ी देर ठहर जा उसे पीड़ा ना हो
तेरी नोक के नीचे पृष्ठ को
जिस पर अंकित मेरे अपनों के नाम
नहीं! नहीं!!
पर रुक मत चल!
जानता हूँ, तू नहीं है
किसी मानव मात्र के बस में
किसी काल खण्ड के,

किसी राजनीति के,
तू निर्बाध रूप से चलती रही है
लिखती रही है काल के कपाल पर
सामाजिक, राजनीतिक और
सामयिक विवेचना
वाह! वाह!!
निर्भीक क़लम
तू चल! चल!! चल!!!

37

झरना

निर्झर, निर्मल
कलकल करता
पहाड़ की तीव्र ढलान पर
बिखेरता पूरी तन्मयता से
जल-निनाद
पेड़-पौधों का जीवन-आधार
सृजनकर्ता हरियाली का
वन्य जीवों की
प्यास बुझाता
अनथक पथ पर बढ़ता जाता
एक मसीहा निर्विवाद।

पत्थर, कंकड़
काँटेदार झाड़ियाँ, जंगल
सबको सिंचित करता जाता
भेद भाव बिन अविरल बहता
बिना किसी संविदा संवाद
पुण्य-परिपथ पर,
ऊबड़-खाबड़,
टेढ़ी-मेढ़ी पहाड़ियों पर
अविरल,
आगे बढ़ता जाता
झरना

प्रकृति को सिंचित करता,
तृप्त करता
निकल जाता है
अनजाने गन्तव्य की ओर
बिना प्रतिवाद।

38

आसक्ति

वह है
पिंजरा है
पंख भी हैं
जो फड़फड़ाते भी हैं
पर उसने आजमाया नहीं है
ख़ुद को आसमान में
उड़ान के लिए बहुत लम्बे समय से
शायद!
भूल गया है वह
स्वछन्द नभ में
विचरण की रुचि को
भुला बैठा है उड़ने के
कौशल को भी
एक अनजाने भय से
बन गया है उसका एक नया संसार

नभ से इतर
उस पिंजरे में ही
क़ैद हो गयी हैं सम्भावनाएँ
जाने कब से
क़ैद है या आज़ाद
और क्या होता है
आज़ादी का स्वाद

अलग
पिंजरे की पहचान से
खुला है दरवाज़ा
पिंजरे का या बन्द है
क्या फ़र्क पड़ता है अब
क्योंकि
उसे भा गया है पिंजरा
या
पंखों ने खो दी है
उड़ान भरने की
कला या,
रास आ गयी हैं
पिंजरे की बन्दिशें
या
स्वीकार कर लिया है
उसने झूठी आसक्ति को।

39

शाश्वत प्रेम

छू लेना उत्कर्ष सहज ही ,
था कितना पावन उत्तम
अनजानी राहों पर पाया,
शाश्वत प्रेम मिलन संगम
जादूमय उपलब्धि फिर भी,
प्रीत रही हरदम प्यासी
एक अलौकिक जग था अपना
थे जिसमें केवल हम तुम
इक दूजे से बहुत दूर पर,
श्वाँस गति बहकी जायें
सामाजिकता खड़ी द्वार पर,
मूढ़ मति मन मुस्काये
पहन लाज का छद्म मुखौटा,
मुझे चिढ़ाने को तत्पर
मारक मन्त्र तुम्हारा ऐसा,
जती-सती ना बच पाये
स्वर्ग पर या पावन गंगा,
तू मुझको नित ललचाये
तेरी अल्हड़ता, अठखेली,
मेरा तन-मन हरसायें
भूल सका ना, भूल सकूँगा,
गीतों की साँझी सरगम
राहें एक आपकी मेरी,
निर्मल जीवन धन पाये।

40

जीवन-चक्र

पहाड़ों के आगोश में
खोता वो तपता सूरज
समा जाता है
अपनी तपिश को छोड़
उसकी ऊँचाइयों के पीछे
कहीं गहरी निशीथ में
बता जाता है हर शाम
हमें जीवन जीने का सार
कोमल मधुमास का
संचित जीवन रस
गोधूलि के आने तक
ख़त्म होने लगता है
और फिर रगों में दौड़ता
तप्त लहू यूँ ही एक दिन
ठण्डा पड़ जाता है
समय का नया चक्र
एक नये लिबास के साथ
हमें कोई नयी दुनिया बख़्श देता है
यही तो है जीवन-चक्र।

41

तुम्हें देखा है

वर्षों बाद तुम्हें देखा है
नहीं, भूल हो गयी
शायद सदियों बाद देखा है
तन-मन कम्पित, जगी उमंगें
भीतर से आवाज़ उठी है
पहले से तुम भली लगी हो
वर्षों बाद तुम्हें देखा है।

अधरों पर मुस्कान खेलती
वही अपनी-सी, भोली-भाली
जैसे कोई कुसुम-कली हो
अभी-अभी खिलकर निखरी हो
सजी-धजी उड़ती तितली हो
हाँ! पुनश्च तुम्हें देखा है
वर्षों बाद तुम्हें देखा है।

रूप रंग की छटा निराली
निखरी, सँवरी और सुनहली
आँखों को यह छवि भा गयी
उलझ गयी हैं साँसें मेरी
मनमोहक तुम्हारी सूरत में
गुम हो बैठी सुध-बुध मेरी
फिर से आज तुम्हें देखा है
वर्षों बाद तुम्हें देखा है।

नख-शिख तक ये यौवन तेरा
तन-मन को आह्लादित करता
ढली प्यार में कान्ति तुम्हारी
जग-मग सारे जग को करती
यह घायल पंछी मन मेरा
उड़ जाने पर अड़ा हुआ है
जब से मीत तुम्हें देखा है
वर्षों बाद तुम्हें देखा है।

42

कैसे रचा है

किस लोक के स्रष्टा ने
की है यह अद्वितीय सृजना
किसने और क्यों रचा है
तुम्हारा अद्भुत रूप अनुपम

कन्दराओं के किसी एकान्त में
कौन था वो गुणी शिल्पी
जिसकी कल्पनाओं की
तूलिका से निकल कर
निखरा यह स्वरूप मनोरम

कौन था वह कला पारखी
जिसने संगमरमरी काया देकर
प्राणों का संचार कर दिया
और रख दिया प्यार से भरा
एक अनोखा हृदय अप्रतिम

कितना सुख पाया होगा
उस भट्ठी ने तुम्हें तपाकर
और सौंप दिया कुशल हाथों में
उसकी कला का ही प्रतिफल है
तुम्हारा ये सौन्दर्य विहंगम

रूप लावण्य की चकाचौंध से
विचलित हुआ होगा अवनि नभ
देख कर स्वयं अपनी सृजना को
विस्मृत हो गया होगा प्रतिभव
देख तुम्हारा यह सौन्दर्य निरूपम।

43

ऐसा क्यों है

मिलने आना और लजाना
और फिर चुप-चुप रहना
कभी एकटक तकते रहना
और फिर नज़रों का झुकाना
होंठ सिले, शरमाई नज़रें
बहकी सी साँसों की सरगम
निःशब्द हुआ है मन का आँगन
समझाओ ना!
ऐसा क्यों है?

सरक गया जब सिर से पल्लू
नटखट झोंका मस्त पवन का
खेल रहा बिखरी अलकों से
मेरा मन भी उलझ गया है
तेरी उन अल्हड़ काकुल में
युग-युग से मन की अभिलाषा
इस इक पल को जी लेने को
सुलझाओ ना!
ऐसा क्यों है?

तिरछी नज़रें, झुकी-झुकी सी
पल में कितनी ऋचा गढ़ गयी
बाँच रहा हूँ दिल की पाती
पलकों से छलकी रसधारा

केवल एक अंजुरी भर ही
मन करता है पी जाने को
बतलाओ ना!
ऐसा क्यों है?

नज़रों-से-नज़रों की बातें
बेबस दिल जाने तो कैसे
प्रवात सुगन्धित कर जाते हैं
मधुर गीत, संगीत निराले
डूब रहा है तन-मन मेरा
सागर से गहरे नयनों में
ये प्रीत सनी उलझन है कैसी
समझाओ ना!
ऐसा क्यों है?

44

भूल जाऊँ

क्या यह सम्भव है?
मैं स्वयं ही भुला दूँ
अद्वितीय अहसासों के
अमूल्य ख़ज़ाने को
लुट जाने दूँ।
प्रथम प्रीत की नाज़ुक डोर को
टूट जाने दूँ और
भूल जाऊँ?

असम्भव है भूलना
मिलन की वो भावुक घड़ियाँ
दिल में उठते प्रेम-ज्वार को
मधुर मिलन के उस पल को
जब तुम सिमट गयी थीं
मेरे हृदय के प्रेमपाश में
उखड़ पड़ी थीं हमारी साँसें
बताओ कैसे सम्भव है
भूल जाऊँ?

निःशब्द होता था संवाद हमारा
निर्निमेष देखना एक दूजे को
सदियाँ सिमट जाती थीं एक पल में
वो पल जो केवल अपना था
तुम ही कहो ना

उन स्वर्णिम पलों को क्या सम्भव है
भूल जाऊँ?

यही तो अपने जीवन की
अनमोल और संचित निधि है
कैसे बिखर जाने दूँ,
और खोल दूँ मन के आँगन को
नहीं! नहीं!!
यह साझा अतीत हमारा
सिर्फ़ और सिर्फ़ हमारा है
असम्भव ही नहीं है,
अस्वीकार्य है मुझे
कि मैं
भूल जाऊँ!!

45

आ जाया कर

कभी-कभी तो आ जाया कर
भोले बचपन,
प्यारे और सलोने बचपन
माँ-बापू, दीदी का बचपन
अल्हड़, चंचल, नटखट बचपन
कभी-कभी तो आ जाया कर

कब आया, कब चला गया तू
आ फिर से हम नाचें गायें,
बिना काम हम दौड़ लगायें
आ जा फिर फिसलेंगे बचपन
कभी-कभी तो आ जाया कर।

बना गया है एक युवक भी
प्रेम दीवाना या मस्ताना
स्कूल, कॉलेज मस्ती के दिन
आवारा, यायावर जीवन
लक्ष्यहीन क्षण प्रेम-प्रीत के,
छुप-छुप गुपचुप मिलना-जुलना
नवल प्रीत का ज्वार जगाकर
प्रथम प्रेम के किसलय बचपन
कभी-कभी तो आ जाया कर।

आजा जल्दी, भूले प्रियवर
फिर मिलवा दे या दिखला दे

बगिया की झाड़ी में दुबके
नवल नेह के वो नाज़ुक पल
कवित कोश के उज्ज्वल बचपन
कभी-कभी तो आ जाया कर।

युगल गीत-गायन की घड़ियाँ
फूलों पर मँडराती कलियाँ
भँवरों से बतियाती तितलियाँ
तेरा घर वो तेरी गलियाँ
पावन, पाक परिमल बचपन
कभी-कभी तो आ जाया कर।

46

झाँक ज़रा अपने भीतर

झाँक ज़रा अब झाँक ज़रा
बहुत भटक लिए दुनिया में
रिश्तों में, नातों में,
बहुत उलझ लिए बन्धनों में
अब मत बहको अपनों में, परायों में
खोज लो अपने आपको अन्दर
अब झाँक ज़रा अपने भीतर।

क्या पाया, क्या सृजन किया
सुन लो पुकार अपने अन्दर की
क्या किया आज तक ख़ुद के लिए
और नहीं, तो क्यों नहीं किया
है कोई जवाब ''कुछ नहीं'' के इतर
अब झाँक ज़रा अपने भीतर।

पहचान नहीं पाया अब तक ख़ुद को
भूल जा इस मतलबी जग को
अब बारी है तेरी अपनी
खेल ले निज जीवन की अनुपम पारी
कर दे समर्पण ख़ुद का ख़ुद को
निःसन्देह तृप्त हो जायेगा अन्तर
अब झाँक ज़रा अपने भीतर।

जाग जा, चेत जा, समय रहते
स्वयं से तकरार कर, स्वयं से ही प्यार
अद्‌भुत निजी सुन्दर वार्तालाप
सँभलकर पर भीतर उतर।
अब झाँक ज़रा अपने भीतर।

47

संयोग

सोचता हूँ अक्सर
कैसे हो गये हम दूर
ख़ुद से ही पूछता हूँ
हमने तो किये थे
वादे सौ जन्मों के
कैसे साथ छूट गया
तुम जितनी दूर हो
भूल भी जाओगी
पर मैं तो
तुम्हें देखता हूँ
आज भी मेरे क़रीब
मन से हम एकाकार हैं
और हमेशा रहेंगे
बिछड़ना तो शायद
एक होनी थी
या कहूँ कोई
संयोग

संयोग!
बिखर गयी
तुम्हारे होंठों पर अनायास ही
एक मधुर मुस्कान
जिसने चीर दिया मुझे
कहीं भीतर तक

किन्तु
जब-जब भी तुम मिलोगी
अपने आप से एकान्त में
बरस पड़ेंगी अश्रु-धारा
मोती बनकर
मुस्कान और अश्रु-धारा
है ना अप्रतिम
संयोग
कभी एक थे हमारे सुख-दुख
मेरी चोट और तुम्हारी तड़प
तुम्हारा हँसना मुझे सुख देना
हमारी संवेदना एक थी
एक साँझी भावना
बहती थी हमारे बीच
आख़िर क्यों?
हमारा मिलन भी था
मात्र एक अद्वितीय
संयोग!!!

48

तुझ में

बढ़ रहा हूँ
नियति द्वारा निर्धारित दिशा में
जंगल, पहाड़, बियाबान
ऊबड़-खाबड़, पथरीली राहों पर
बढ़ा जा रहा हूँ
बिना रुके, बिना थके
निरन्तर अपने लक्ष्य की ओर
अद्भुत गन्ध की ओर।

कल-कल करते झरनों का निनाद
किनारों से टकराती
वेगवती नदिया की धार
आकर्षित करती पुष्पों की वादियाँ
और
उन पर मँडराते तितली और
भ्रमरों का सम्मोहक गुंजन
पर नहीं है यहाँ वह
जिसकी है मुझे चाह
भीनी-भीनी मुग्ध
कर देने वाली सुगन्ध

चाह नहीं है मुझे
चमत्कारी प्रकाश की,
या किसी के मार्गदर्शन की,
रोक नहीं पा रहा है मुझे

पहरे पर फैला अन्धकार भी
मुझे ज्ञात है, पहचान भी है
उस आत्मीय अप्रतिम सौन्दर्य की

और
अन्ततः पा लेता हूँ मैं
उस बेहद निजी
अव्यक्त अहसास की अनुभूति को
हाँ! हाँ!!
उसी जीवनदायिनी
श्वाँसों में महकती
आह्लादित कर देने वाली
आलिंगन गन्ध या सुगन्ध को
और खो जाता है मेरा तन-मन
कहीं मेरे अतीत में
या तुझ में!!

49

विलय

प्रात:काल
सूर्य की पहली रश्मि
अपनी कोमलता को त्याग कर
आकर बैठ गयी
कठोर हिमखण्ड के भाल पर
अपनी ऊष्मा के योग से
शनैः-शनैः करने लगी प्रहार
और
चटखने लगी
रजत की ज्यों चमकती
चकाचौंध कर देने वाली
बहने को तत्पर
प्रस्तर से बने जल-कण
अपने प्रेमी के आगोश में
समा जाने के लिए
एक अनजान पथ पर
हाँ! इसी प्रकार
निश्चित नहीं होता
प्रेम का पथ या गन्तव्य भी
यूँ ही अक्सर मेरा मन भी
चलायमान हो जाता है
और विचरने लगता है
जल कणों के साथ-साथ

खोजने निकल जाता हूँ उन्हें
जो किसी अनजानी राह में खो गये
नहीं! नहीं!!
शायद मैं निकल पड़ता हूँ
मेरे अपने दिल में पल रहे
पावन प्रेम को एकाकार
कराने तेरे भीतर बह रही
प्रेम पावनी गंगधार से
करने साक्षात्कार
अनोखा है, अद्वितीय है
तेरा-मेरा पहला शाश्वत मिलन
जैसे जलकणों का विलय हो रहा है
सागर की अथाह गहराई में।

50 मैं और मेरी आत्मा

मैं और मेरी आत्मा
उलझ रहे हैं
एक दूसरे से
सुलझाने के लिए
हमारे मतभेद
जो परेशान कर रहे हैं
मुझे अधिक और
कुछ हद तक
आत्मा को

किन्तु
आत्मा को कष्ट या परेशानी
कैसे हो सकती है?
वह तो अजर है अमर है
और
जन्म-मरण से परे
फिर उसे द्वन्द्ध कैसा
और कष्ट भी कैसा?
अविनाशी आत्मा को
हम दौड़ रहे हैं
वह मुझसे आगे
जा रही है
या मैं उससे आगे
समझ से परे है

पर
जब मैं असहज होता हूँ
तो वह मूँग दलने लगती है
मेरे सीने पर और
जब मैं सहज होता हूँ तो
साँप लोटने लगते हैं
उसके सीने पर

शायद
यह द्वन्द्व ले जा रहा है
मुझे शून्य की ओर
पर
उस निर्लिप्त आत्मा को नहीं।

51

नारी का आँचल

नारी नहीं होती केवल
ममता की एक नदी
उसका विस्तृत आँचल
समेटे हुए है
महासागर का अथाह जल
उफनती, ललकारती
उन्मत्त लहरें
जो समा जाती हैं उसी में
क्योंकि
उसका अन्तरमन भरा है
शीतलता से

वह पुकारती है
उन तड़पती मछलियों को
जो छूट जाती हैं तटबन्ध पर
स्वयं के अंक में
समा लेने के लिए
फिर से।

पुरवाई और अन्धड़ दोनों की
संगमस्थली है नारी
आँसू बहाती है दुःख में
और सुख में भी
अश्रु-धार मुस्कुराने लगती है

उसके गालों पर
स्पर्श से।

पावन हो जाते हैं आँसू
उसकी आँखों के सागर में
डुबकी लगाकर
उसकी नेह की
पवित्रता से।

52

प्रीत का नाद

पिघलता हिमखण्ड
सघन से तरल होकर
बहता है अपने पूरे वेग से
पथरीली चट्टानों को काटता हुआ
इक नदी का रूप लेकर।

और फिर वह परिणत नदी
टेढ़ी-मेढ़ी अनजानी राहों पर
निरन्तर बहती है
नहीं पता उसे
अपने अंजाम और प्रारब्ध का
नहीं जानती वह किसी
मरुस्थल की तप्त रेत में
बिखर जायेगी या
भाप बना देगा उसे
तपता हुआ सूरज
या किसी दिन बहती हुई
पहुँच जायेगी किसी
सीपी के मुख में

और बदल जायेगा उसका स्वरूप
एक बार फिर तरलता से सघन में
ठोस रूप धारण कर
बन जायेगी चमकता मोती

सज जायेगी किसी के गले में
मोहक हार बनकर

नहीं विचारती वो
आज और कल को
वो बहती है निरन्तर
पेड़, पहाड़ों का असीम प्यार
किनारों से नेह का आलिंगन
नदी के पाटों का अपनत्व
सब भुलाकर, बिसरा कर
बढ़ती ही जाती है,
बिना रुके, बिना थके,
निःस्पृह, निस्संकोच
पगली बनी धार

पठार से गले मिलती कुछ
धीमी पड़ी थी गति भी
झाड़ियों में भटकी भी
किन्तु बढ़ती ही रही

अनवरत, अविचलित
उसी ओर जहाँ देव ने
तय कर दिया था उसका गन्तव्य
खड़ा था जहाँ बाँहें पसारे,

अपने आप में समा लेने के लिए
आत्मसात् कर लेने के लिए
उसके प्रीत के अनहद नाद को
अपना बनाने के लिए प्रिय सागर
सदा-सर्वदा के लिए।

53

आवारा बादल

उमड़-घुमड़ लहराता जाऊँ
पृथक-पृथक या एक साथ ही
मैं ऊँचे नभ में गहराऊँ

अथक दूर तक मैं लहराऊँ
क्षितिज पार, सागर से ऊपर
थार मरुस्थल या सहरा में
महाद्वीपों की सीमाएँ भी
बाँध न पायें, सब बेबस हों
भू-मण्डल के सकल पटल पर
बेबाकी से मैं मँडराऊँ
उमड़-घुमड़ लहराता जाऊँ

मुझ से ही है यह हरियाली
घिर-घिर आता हूँ धरती पर
बंजरपन का भाव भगाकर
करूँ उर्वरा प्यास बुझा कर
सूक्ष्म तरल पानी कहलाऊँ
उमड़-घुमड़ लहराता जाऊँ

जब चाहूँ सूरज को ढाँपूँ
चाँद, सितारों को छुपा लूँ
दूजे पल आज़ादी दे दूँ
और अंक में चमक दामिनी
घोर गर्जना नाद भयंकर

सारा जग जगमग कर जाऊँ
उमड़-घुमड़ लहराता जाऊँ

आसमान में विचरण करता
जन-जीवन का मैं पोषक हूँ
हाँ! मैं!
आवारा बादल हूँ
उमड़-घुमड़ लहराता जाऊँ।

54

मिला करो ना

मिला करो ना!
कुछ लम्हों की दौलत लेकर
अपनेपन की बाँह पसारे
छोड़ कर रूढ़िवाद
नवयुग का आगाज़ करेंगे,
मिला करो ना!

जीवन का संगीत सुनाती
कल-कल बहती नदी किनारे
मखमल जैसी हरी दूब पर
दौड़ लगायें, मन बहलायें,
कभी बैठ कर, कभी लेटकर,
धारा का मृदु गान सुनेंगे,
मिला करो ना!!

कहीं किसी तरुवर के पीछे
जिसमें अपना प्रेम कुँवारा
आलिंगनबद्ध हो जाता था
भूल जगत के सब नियमों को
दोनों मनमानी करते थे
आँख बन्द कर, बिन वाणी ही
द्रवित दिलों के भाव बहेंगे
मिला करो ना!!!

वातावरण सुगन्धित करती
जहाँ खिली हैं कोमल कलियाँ

तन-मन को ख़ुशियों से भरती
आमन्त्रण के पत्र थाम कर
उस सुन्दर बगिया के अन्दर
राग बसन्ती सुना रही है
हम कुछ पल सुनने बैठेंगे
मिला करो ना!!!!

बार-बार मुझको तड़पाता
वह पुराना वादा तेरा
याद यक़ीनन तुझको होगा
भुला न देना, पछताओगे
सिर अपनी गोद में लेकर
मेरे बालों से खेलोगी
जग की सब दुविधा भूलेंगे।
मिला करो ना।।

55

प्रकृति

धूप के न होते पाँव
फिर भी दबे पाँव आती है
बिन पायल के छमछम करती
पहले छत पर, फिर मुँडेर पर
धीरे-धीरे आँगन में भी
और बिखेर देती है
अपनी किरणों का जादू
रात होने तक

रात के न तन होता है
और न होती है उसकी ख़ुशबू
किन्तु फिर भी महक उठती हैं दिशाएँ
भीनी-भीनी गमकती रातरानी से

मलयानिल की हवा बहती है
पूरे वेग से, पूरी रात

भोर सीप तो नहीं है
फिर भी बिखेर देती है
हरी-हरी घास की नोक पर
असंख्य मोती, मनके

कौन है जो
सजा देता धूप के पाँवों में पायल
रात को देता है सुगन्धित तन

और दूब को बना देता है
मोतियों का ख़ज़ाना

अद्भुत और बेमिसाल है!!
ये प्रकृति का ही तो कमाल है
जो अदृश्य है,
यत्र-तत्र ही नहीं,
सर्वव्यापी है, सर्वत्र है
प्रकृति!

56

मंज़िल

शब्द एक
अभिप्राय अपने-अपने
भक्त की अभिलाषा
मिले उसे उसका इष्ट
वह लगा रहता है सतत
एक ही दिशा में,
अपने भावों की गठरी बाँधे
सांसारिक सुखों को
देता नहीं महत्त्व।

इसी प्रकार
किसी को मोह सताता,
या लुभाता रहता है
राजनीति-सत्ता का लोभ
जिसके लिए भूल जाता है
शिष्टाचार, सदाचार सहित
स्वाभिमान को भी।

अन्य भी अपने-अपने
लक्ष्य की ओर अग्रसर होते रहते हैं
कोई धन-वैभव के लिए
कोई सर्वोच्च पद प्रतिष्ठा के लिए
किन्तु कुछ ऐसे भी हैं
जो इच्छा या अनिच्छा से भी
बढ़ते ही रहते हैं।

परन्तु मैं!
मैं तो निकला हूँ
भटक रहा हूँ
ढूँढ़ रहा हूँ अमूल्य ख़ज़ाना
जिसके मिल जाने के बाद
मन में क्या स्वप्न में भी
नहीं बचेगी शेष कोई अभिलाषा
क्योंकि
मैं तो एक पुजारी हूँ
प्रीत के पर्याय प्रेम रूप
अमूल्य निधि का
जिसकी कर सकूँ मैं आराधना
एकान्त में समाधिस्थ हो कर
और न डगमगाऊँ न बहकूँ
अपने ध्येय से,
हाँ! यही तो है
मेरी इच्छित मंज़िल।

57

तुम पुष्पित हो

मैं उन्मुक्त प्यार का पंछी
पर तुम हो क्यों डरे हुए से
प्यार किया है
हमने निश्छल
बोलो!
फिर क्यों तुम आशंकित हो?

मेरी सारी राग-रागिनी
छन्दमुक्त मेरी कविताएँ
नये पुराने सपनों का जग
जाग्रत रहते रात और दिन
श्वाँस-श्वाँस, दिल की धड़कन में
तुम ही तुम तो रची बसी हो
बोलो!
फिर क्यों तुम आतंकित हो?

मेरी भाव-भावना आहत
घुटन, चुभन को सह ना पाऊँ
छुपा न पाऊँ दिल के छाले
लुभा रहे हैं, खींच रहे हैं,
तेरी ख़ुशबू के मधु प्याले
छोड़ के आजा, तोड़ के आजा
व्यर्थ बन्धनों में लिपटी हो
अब तो बोलो!
मन ही मन कुछ हुई द्रवित हो?

भावों के आलिंगन हेतु
मन मेरा अतिशय व्याकुल है
बाँह पसारे तुम्हें पुकारे
पर तुम तो सहमी सिमटी हो
ऐसा क्यों है बोलो! बोलो!!
कली नहीं, अब तुम पुष्पित हो!!

58

घर के द्वार से

मेरे घर के द्वार से
सपनों के अनजान
किन्तु भव्य नगर तक
बना रहा हूँ एक राजपथ
जानें कब से?
वह हो नहीं पाया है पूर्ण

उस पर बिछा दी है
एक परत
दर्द की ही नहीं,
पसीने की परत भी
कर्म के हथौड़े से तोड़ कर
बिछा दी गयी हैं धर्म की गिट्टियाँ
फिर भी कहीं-कहीं अभी भी
जमी है विश्वास की बालू रेत।

अविश्वासी डामर नहीं बिछाने दूँगा मैं
मेरे स्वप्नों के राजपथ, नहीं जनपथ पर।
क्योंकि
सपनों के नगर के लिए
इस पर मैं ही नहीं
आने वाली पीढ़ियों को भी चलते हुए
देख रहा हूँ नंगे पाँव,
पगतली में छाले पहने हुए

रहने देता हूँ इसे अधूरा ही
ताकि आने वाले अन्य
पथिक भी जी सकें
अधूरा जीवन,
इस रेत, कंकरीट से निर्मित
अधूरे राजपथ या भग्नपथ पर
स्वर्णिम, अलौकिक
सपनों की दुनिया में
पहुँचने के लिए
अपने घर के द्वार से!

59

दर्द काग़ज़ पर

यहीं हर चीज़ बिकती है
जैसे बेचैनी!
हाँ! बेचैनी!!
जिसे हर आदमी बेचना चाहता है
भाव भी बहुत अनोखा
या कहूँ मिट्टी के मोल
पर एक भी ख़रीदार नहीं मिलता

और भी नायाब
वस्तुएँ हैं बिकाऊ
जैसे दर्द!
जिसे ख़रीदना तो दूर
इसका नाम सुनते ही
बिदक जाते हैं लोग
ख़ैर! बेचैनी हो या दर्द
ये तो मेरे अपने हैं
अन्तरंग मित्र या कहूँ हमसाया
फिर कैसे होंगे ये मुझसे दूर
क्यों बिकेंगे?
वाह रे! मेरी अमूल्य धरोहर!
सच्चे और वफ़ादार मित्रो!
ये सुख-शान्ति थोड़े ही हैं
जो मौक़ा मिलते ही
छोड़ छिटक कर दूर बहुत दूर
भाग जायें।

बिना पता बताये,
बिना वापसी का वादा किये।
निर्लज्ज कहीं के।

और ये ही दिन हो या रात
बिखरते रहते हैं
जज़्बात का रूप लेकर
काग़ज़ पर स्याही बनकर।
और मैं भी इन्हें फैला लेता हूँ
बनाकर दर्द काग़ज़ पर!

60

आँखों के रास्ते

धन दौलत की चमक-दमक
दुनिया के अद्भुत नजारे
जिसने क्षण में कर दिया
बड़े-बड़े चारित्रिक पुरुषों को भी
विचलित।
और जकड़ लिया अपने जाल में
उन सब में मन निर्लिप्त रहा
कभी नहीं भटका।
रहा सदा बेदाग।

हाँ! मैं अटका भी तो केवल
अटका अपनों के अपनेपन में,
किन्तु उलझा उनमें भी नहीं,
सतत बढ़ता रहा अनजान जग में
और मन बहता रहा
अमूर्त वस्तु की तलाश में।

अचानक एक दिन लगा
झटका,
अटक गया मेरा भोला मन भी
भूल बैठा सब ज्ञान-विज्ञान
यहाँ तक कि शारीरिक सुध-बुध भी
व्याकुल ही रहता है
आज कल ये सयाना मन भी।

गुमसुम, खोया-खोया सा
जबसे उतरे हो तुम, मुझ में
आँखों के रस्ते,
मेरे इस अतृप्त मन में।

61

नेह प्रकृति का

पेड़, लताओं के झुरमुट में
सैलानी मन उलझा-सा है
कोमल पत्ते, नवल टहनियाँ
नव विकसित नन्ही कलियाँ
डालों पर इतराते पुष्प
सबसे करता संवाद बराबर।

छोटे-छोटे पादप, झाड़ियाँ
जो हैं साक्ष्य और साक्षी भी
मेरे अन्तरंग जीवन के
सच्चे, अच्छे भावुक साथी
उन सबके प्यारे सन्देशे
यादें अभी लेकर आयी हैं।

ऐसा सुन्दर नेह प्रकृति का
कहाँ भुला देना सम्भव है
परे हटाकर जीवन धन को
उलझ जाऊँ इस नश्वर जग में
ये भी तो नहीं सम्भव है।

62

प्रेमयोगी

वासना से मुक्त होकर
प्रणय की आराधना हो
रूप आभा लौ लिए
अनवरत जलती साधना हो
भ्रमर की कामना
नित मुझे छलती रही
मैं रहा व्याकुल सदा ही
दीप मेरे ही हक में रहे
इक पुरातन प्यास प्रति पल
श्वाँस में पलती रही।

रह गया सपना अधूरा
जाने विधाता क्यों ख़फा है
हम जुदा तो हो गये
पर यादें सब बातें पुरानी,
गूँजित रहा है प्रेम का गीत
संयम की रेखाएँ खींचे
प्रीति के पावन भवन में,
सत्यनिष्ठ जाग्रत रही

प्रेम राधा-कृष्ण सा
हाँ! हम तुम जिएँगे।
नज़दीकियाँ या दूरियाँ बेशक रहें
हम भाव-मद हरदम पिएँगे
हो समर्पण एक दूजे के लिए

सागर की गहराई सा
वेदना के घाव सारे
प्रेम-डोर से सीएँगे
देह के बिन प्रेमयोगी
भावना सब खिलती रही!

63

नयनों की वाणी

शब्दों में सामर्थ्य कहाँ है
ईश्वर के भाव-रूप के वर्णन का
इसीलिए विधाता ने यह दायित्व
नयनों को सौंपा है।

नयन ही अनुपम कौशल से,
सुख-दुख की
अभिव्यंजना को आकार देते
यह प्रकट करते हैं
उत्सुकता, जिज्ञासा, आशा
सवाल पर सवाल
जवाब और उसका जवाब।

इनमें ही वास करते हैं दर्शन,
नदियों, झरनों की कल-कल
पक्षियों का कलरव,
भ्रमरों और तितलियों का गुंजन
वृक्षों व लताओं की मर्मर
सम्भवत: ये सभी शब्दों से परे हैं।

अभिव्यक्ति व वार्तालाप
दो अनजान दिलों का
कहाँ कर पाते हैं शब्द
किस आधुनिक भाषा में है
ऐसा शब्द कोश जो दे सके आकार।

हाँ! अवश्य है समझ इन्हीं में
यह पलक झपकते या
उठते ही कर लेते हैं
मौन किन्तु सार्थक संवाद
नयनों की वाणी में।

64

अनमोल मोती

मुस्कुराना, हँसना
कभी-कभी खिलखिलाकर
उन्मुक्त हँसी बिखेर कर
अपनों को देना
ख़ुशी का उपहार
वातावरण में भर देना
सुगन्ध का भण्डार
आनन्दित कर देने वाला
बेजोड़ या बहुमूल्य प्यार।

किन्तु कभी-कभी इन्हीं
अविस्मरणीय क्षणों में भी
छलक पड़ते हैं आँखों से आँसू
बेहद उत्साहित और प्रसन्नता में
जो बहते हैं न, वो आँसू नहीं
अनमोल मोती हैं,
जो सज गये हैं
अनोखे आभूषण से गालों पर।
फिर भी कुछ मुस्कुरा रहे हैं
पलकों में ही
अपनत्व की छाँव में
हाँ! अपने ही गाँव में।

रिश्ते व दोस्तों में
कैसा अभिमान

बस जायें अपनों की
नज़रों में ही नहीं
भीतर, बहुत गहरे
दिल में।

65

नियन्ता

सर्व नियन्ता के वन्दन में,
जीवन का हर पल निकले।
जीव जगत को समझ आत्मवत्,
कर सेवा उनकी पहले।।

साथ समय के क़दम मिलाकर,
कर नर्तन लय ताल में।
जीवन बगिया चहकेंगी,
हर तृण पौधे डाल में।।
शुभ संगीत स्वर लहर में,
सब सर्वेश्वर से कह ले।
सर्व नियन्ता के वन्दन में,
जीवन का हर पल निकले।।

ईश्वर का प्रतिरूप ज्योति है,
सच्चे साधक नमन करें।
अविरल बहती शब्द धार में,
जग पालक का ध्यान धरें।।
सृष्टि के स्वर को पहचानें,
नवल गीत रचना कर ले।
सर्व नियन्ता के वन्दन में,
जीवन का हर पल निकले।।

अजब-ग़जब के नित्य नज़ारे,
रचनाकार सजा जाये।

किंकर्त्तव्यविमूढ़ मानवी,
तन-मन कीचड़ लिपटाये॥
नर सेवा नारायण सेवा,
पावन लक्ष्य हृदय धर ले।
सर्व नियन्ता के वन्दन में,
जीवन का हर पल निकले॥

अमित, अगोचर और अजन्मा,
है अक्षय, अव्यक्त, अटल।
निर्गुण, सगुण, निपुण, निर्णायक,
जिसकी ताक़त सौम्य, प्रबल॥
उससे ही संसार सुशोभित,
वही समय का रथ बदले।
सर्व नियन्ता के वन्दन में,
जीवन का हर पल निकले॥

66

निर्मल जीवन

मन आध्यात्मिक,
तन सांसारिक,
उपजें भाव विचित्र।
दोनों ने सपनों में आकर,
वादे किये पवित्र॥

बौने रिश्ते भावशून्य से,
बन्ध हुए कमज़ोर।
पाखण्डों की लम्बी रातें,
फिर भी उजली भोर॥
आधुनिक जीवन शैली के,
सजते स्वप्न सचित्र॥

कितना ढूँढ़ा मिला नहीं पर,
निर्मल जीवन ताल।
बौराए से वन उपवन हैं,
मौसम हैं बदहाल॥
मर्यादाएँ धूलधूसरित,
धूमिल दर्पण चित्र॥

आशंकित है सत्य सनातन,
छुपा न पाये राज।
धर्म ध्वजा को लिए खड़ा है,
बसन्ती ऋतुराज॥
मृग मरीचिका भटका लालच,
राज खोलते मित्र॥

67

सन्नाटे का शोर

खड़ा भीड़ में निपट अकेला,
सन्नाटे में शोर हुआ है
तम से उपजा भोर हुआ है।

अनजानी राहों का पन्थी,
भटक रहा मंज़िल की ख़ातिर।
सन्तति हूँ मैं परमपिता की,
सत्य तथ्य ये है जग ज़ाहिर
छिपा हुआ जो सागर तल में,
वो गर्जन घनघोर हुआ है।

ख़ुद को ख़ुद से रहा चुराता,
छुपने में कितना माहिर हूँ।
मन-दर्पण में कभी न झाँका,
मैं भीतर बाहर शातिर हूँ।।
न्याय नीति की बात भुला कर,
कैसा आत्म-विभोर हुआ है।।

जहाँ रेत की बरसा होती,
मैं उस मरुथल का मयूरा हूँ।
लैला मजनूँ के जीवन का,
सच में संगीत अधूरा हूँ।।
जो था आस के पहरे पर,
वो मुस्काता कोर हुआ है।।

मैं बुद्धा का बोधि वृक्ष हूँ,
प्रासादों की शोभा मैं हूँ।
साखी कबीरा, मीरा, तुलसी,
रघुकुल के वचनों में मैं हूँ।।
ऐसे तो हूँ निश्छल, कोमल,
वैसे बहुत कठोर हुआ है।।

68

परमार्थ सेवा

जीवन एक मोतियों की लड़ी है
आज और अभी अनमोल घड़ी है

गुमसुम सी हैं इसकी गलियाँ
आवारा बनजारा हर पल
भटक रहा है, लक्ष्य भेदने
हर कोने हर नुक्कड़ पर छल
मकड़ी के जाले में जकड़ी है
जीवन एक मोतियों की लड़ी है

तूफ़ानों में यत्न सतत थे
पर उलझन तो वैसी ही है
हार मान लेना मुश्किल है
जीवन का संगीत यहीं है
यहीं कहीं उम्मीद लिए खड़ी है
जीवन एक मोतियों की लड़ी है

परमार्थ सेवा भावों में
जीवन-मन्त्र पवित्र छुपा है
दीन-हीन के आशीषों में
निज उन्नति का मर्म दिखा है
संकल्पों की लग रही झड़ी है
जीवन एक मोतियों की लड़ी है

69

भीतर ही

ढूँढ़ रहा था जिसे
सयाना बनकर
बियाबान जंगल,
नदी, पहाड़ों पर
किन्तु हाथ रहे ख़ाली-ख़ाली
हृदय रहा सूना-सूना।
जान नहीं पाया
वह तो बैठा था मुझ में ही
और मैं रहा अनजान।
धन्य है उस महाज्ञानी को
जिसने बता ही नहीं दिया
बल्कि मिला ही दिया
मुझ में ही छुपकर बैठे
मैं को
मुझसे ही।

70

अकेला

अकेला ही निकला था घर से
राह में साथी
मिलते रहे और
बनता गया कारवाँ
कुछ थक गये,
कुछ रुक गये
और कुछ भटक गये।
मुड़कर देखा
कोई नहीं था मेरे सिवा
अकेला ही था मैं
नितान्त अकेला।

71

भोर का सूरज

तुम्हारे चेहरे से
जैसे ही टकराई
सूर्य की पहली किरण
देख कर अद्भुत छटा को
निखर उठी और हो गयी रंगीन
भास्कर भी ज़रा ठिठके।

तुम्हें देखकर
मेरी आँखें ही नहीं पथरायीं
बल्कि भूल गयीं
साँसें भी आना-जाना
अनवरत स्पन्दित रहा केवल दिल
भाव भंगिमा सभी थे बहके-बहके।

मुखड़े की आभा से नज़रें
हटने का नाम ही नहीं लेतीं
वहीं रह गयीं हैं जमके।
एक ओर तुम
और दूसरी तरफ़
भोर का सूरज सिन्दूरी चमके।

72

बादल

ऊँचे आकाश में,
उमड़ते मदमाते बादल
नीचे पहाड़ों को ढाँपते,
भागते-दौड़ते बादल
इधर से उधर लगातार,
विचलित आवारा बादल।

नर्म रुई के गोलों जैसे,
उड़ते हुए बादल
हवा से इश्क़ कर के,
उस पर चढ़ मँडराते बादल
अपनी प्रियतमा को रिझाने,
कभी श्वेत, श्याम, रतनारे बादल
उसकी ख़ातिर रूप बदलते,
बहरूपिए बादल।

साथ छोड़कर गयी हवा तो,
आँसू बरसाते बादल
बेबस, ज़माने से सताया,
हारा/टूटा हुआ प्रेमी बादल।

73

मानव स्वभाव

ढीले अनुबन्ध
जीवन के खुल गये बन्ध,
रिश्तों के मुक्त पाश
अपनी डफली पर
गाते कुछ नव राग
भीर हो गये देशाटन पर
मुक्ति पाकर गीत
युग वाणी पर
फिर फिर बहते भाव लयात्मक
जगत के रूप नाम।
जीवन में आते-जाते दुख-सुख,
लगते ललाम!

सत्यम्-शिवम्-सुन्दरम्,
बदल गये
कलाओं के प्रतिमान।
बन गयी भूली-बिसरी याद
और बनी नयी
जीवन की सौगात!
मानव स्वभाव ही
बन गया खिलता हुआ उपवन
बदलता ख़ालीपन को पूर्णता में
विद्रूपता को फिर सुन्दरता में।

74

जाग जा ऐ ज़िन्दगी

हरी दूब पर
    ओस की बूँद सी
    बिखर, चमकदार ज़िन्दगी
    बचपन में खिली-खिली सुबह-सी
    शीतल सुगन्ध में नहाई किरण-सी
    तू ही तो थी किशोर वय में
    गुनगुनी धूप-सी,
    दोपहर में मदिरा छलकाती
    सूर्य के थके अश्वों के साथ
    फिर चढ़ती किरणों संग यौवन आया
    सन्ध्या-आगमन की सूचना लेकर

बदलती रही सतत स्वाद भी
    कभी लगी शहद, कभी नीम-सी
    कभी सावन तो कभी मरुथल-सी
    पलकों में मचलती प्रेम-धार
    चुभती रही दिल में काँटे-सी,
    और कभी महक पड़ी फूल सी
    आया उदास पतझड़ भी
    ज़िन्दगी तू रही जटिल पहेली
    कभी भीड़ में अकेली
    कभी तनहाई में अपनी सी
    जो चाहा वो मिला नहीं,
    जो मिला उसे चाहा कब था

फिसल गया वक़्त मुट्ठी से
बिखरे रेत की तरह
लेकिन कहाँ थका है मन
आज भी भागता है
गुज़रे पलों के पास
ख़ाली हथेली लिए
वक़्त कहता रुक जा
अब शाम हो चली
दिल कहता
जाग जा ऐ ज़िन्दगी।

75

पानी

मेरा क्या है

मैं नदिया, नाले का पानी
चंचल, निर्मोही कहलाता
मेरी नियति है बहना
इसीलिए मैं नहीं हो सका
कभी किसी का।
बनजारे सम मेरा डेरा
जिसके भी सम्पर्क में आया
सर्व समर्पण किया तत्क्षण
उपभोग किया,
मुझमें कीचड़, गन्द मिला,
फिर बहा दिया
मेरे आँसू की गहन पीड़
कौन सुनेगा क्रन्दन मेरा

चट्टानों संग मैं निर्मल था

मैं नटखट बन उनसे खेला
सोच रहा था, घुलमिल जाऊँ
अपना लूँ सान्निध्य इन्हीं का
किन्तु हुआ क्या
ठोकर मार चट्टानों ने
ऊपर से पाषाण गिराये
चट्टानों से गिरते-पड़ते
मैदानों ने बाँह पसारे
और एक फिर भूल हो गयी

जीवन में मैंने उनको भी
आँख मींच कर दिया समर्पण,
तन से, मन से जीवन मेरा

मेरे बूते ख़ुशहाल बने
पर मुझसे नाते तोड़ गये
आख़िर
सागर ने अपनाया
तब सत्य समझ मुझको आया
पर मेरा क्या
मैं नदिया, नाले का पानी
आदि यहीं था
अन्त यहीं पर
मंचन करते-करते हारा
सेवा भावी जीवन मेरा।

76

आपकी दृष्टि

आपके नयनों की भाषा
पढ़ तो लेता हूँ
मगर समझ नहीं पाता
ऐसे बदलते हैं नज़रों के रूपक
जैसे बदलती रहती है
बदली सावन में
या कि चन्द्रमा
दिखाता है सोलह कलाएँ
बदलता रहता है अपना रूप
आपकी प्रत्येक दृष्टि का है
इक अलग अन्दाज़, नज़ारा
कुछ ऐसा ज्यों बदलता है
राजनीतिक परिदृश्य
ज़ुबाँ पर कुछ और आँखों में कुछ
सियासी नेता नहीं नट की तरह
निगाहें कहीं और निशाना कहीं
इन्हीं परिस्थितियों के साथ
हमने ज़माना जिया है
पर हो नहीं सकीं आपकी नज़रें
हमारे अनुरूप।

पलकों का झुकना, झुक के उठना
जैसे छलकाने वाले हैं मधु के प्याले
बहुत सहज निश्छल विचार भी
किन्तु जिन्हें मनुज क्या

देवता भी नहीं जान पाते
ऐसे ही आपके भीतर बहते विचार
मौसम के मिज़ाज की तरह
या हो सितारों या नक्षत्रों की
चाल की तरह ही
समझ नहीं आता
आपकी दृष्टि का
बदला हुआ प्रतिरूप।

77

चंचल समय थका ठहर कर

समय ठहर सा गया,
माहौल ख़ुशहाल हो गया।
रोम-रोम हो गया प्रफुल्लित
कोई अचानक मिल गया
साँसें तेज़ हो गयीं,
धड़कन बढ़ गयी
यह हो क्या गया
कहाँ खो गया है,
मेरा तन मन

बुझे पड़े नयनों में
चमक के स्रोत फूट पड़े
ज्वार उठा, लहरें उठीं
थरथराने लगे लब,
जुबाँ निःशब्द हो गयी
यह हो क्या गया
क्यों पथरा गयी है नज़र

बन्द आँखें हुईं
अश्क बह चले
साँसें बहकने लगीं,
नेह झरने लगा
सिमट कर मिले जो गले
खो गये वो कहीं, याद ताज़ा हुई
मैं भी हैरान सा, ताकता रह गया
चंचल समय थका ठहर कर।

78

आत्मकथ्य

ब्रह्माण्ड में,
जो कुछ भी,
जहाँ है, जैसा है
अपनी जगह सब अच्छा है।

सृष्टि का हर अंश,
विधाता के बनाये,
नियमों के अनुसार,
परिपर्णूता से,
अपना कर्तव्य दर्शाता है
प्राकृतिक धर्म निभाता है।

सूर्य जीवन किरणों से,
कण-कण को प्रकाशित करता है
चन्द्रमा शीतल चाँदनी से,
सृष्टि को सुशोभित करती है
जगमगाते सितारे,
निशा की माँग भरते हैं
फूल सुहाने रंगों से,
धरती का श्रृंगार करते हैं।

ऊँचे नीचे पर्वत,
हिम संग्रह कर के,
मधुर झरने बहाते हैं
जन-जन तक,

कण-कण तक,
मीठा जल पहुँचाते हैं
सबकी प्यास बुझाते हैं।
नदियों के आलिंगन से,
झरने प्रेम भाव से,
सागर में घुलमिल जाते हैं।

मैं....!
इन दृश्यों में,
जब-जब,
सत्य और ...
सुन्दरता के दर्शन करता हूँ
कभी अचेत अवस्था में,
कभी सचेत अवस्था में,
चिन्तन करता हूँ,
विचारों का मन्थन करता हूँ
तो देखता हूँ,
हम इन्सान
जो समस्त प्राणियों में,
सृष्टि के,
समस्त अंशों और पदार्थों में,
सर्वश्रेष्ठ कहलाते हैं
ब्रह्माण्ड के कण-कण से,
अभूतपूर्व लाभ उठाते हैं

पर!
क्या हम मानव धर्म निभाते हैं?

फूल, फल,
पेड़-पौधे,
चाँद, तारे, सूरज
और दूसरे तत्त्व,
भेदभाव नहीं करते
सबको एक समान,
देते हैं प्राकृतिक अनुदान।

परन्तु हम इन्सान?
विषैले नफ़रतों का प्रचार करते हैं
एक धर्म के अनुयायी,
दूसरे धर्म का,
बहिष्कार करते हैं
नरसंहार करते हैं!

नहीं नहीं नहीं!
यह कर्म नहीं!
अधर्म है!
इसे रोकना होगा!
इस हैवानियत का,
तोड़ सोचना होगा!
सोयी आत्माओं को जगाना होगा!

सत्य मार्ग दिखाना होगा!
सत्य..?

यानी कि मानवता!
यह पाठ सब को पढ़ाना होगा!!

79

क्या हो तुम?

क्या हो तुम?
मेरे गुनगुनाते गीत का
पहला अन्तरा हो
या मेरे सपने की साकार,
प्रेरणा हो तुम?
या फिर कविता के पन्नों में,
बिखरी हुई, सँवारी हुई,
पंक्तियाँ हो तुम?
क्या हो तुम?

तूफ़ाँ हो
या सहारा हो तुम?
दिल का धड़कना हो
या दिल का टूटना हो तुम?
साहिल हो
या भटकना हो तुम?
आँखो की मदहोशी हो
या बहकना हो तुम?
आग का जलन हो
या गुलिस्ताँ का
महकना हो तुम?
क्या हो तुम?

नीम बेहोशी में दिखती हूर हो
या मदहोशी में लड़खड़ाना हो तुम?

मेरा दिल हो, जिगर हो, एतबार हो,
या चाहत से लबरेज़ पैमाना हो तुम?
या फिर,
जिसे मैं आज तक समझ न पाया,
वो संजीदा अफ़साना हो तुम?
क्या हो तुम?

जो भी हो
मुझ से जुदा हो तुम
फिर भी कबूल करता हूँ
मुहब्बत का ख़ुदा हो तुम!!

80

ऐ मेरी ज़िन्दगी!

ऐ मेरी ज़िन्दगी!
तूने सँभाला भी
ख़ुश भी बहुत रखा मुझे
पर एक दु:ख है,
सुनाना चाहता हूँ तुझे!

आज जब आईने में देखता हूँ,
अक्स अपना
तो लगता है कि ये मैं नहीं,
ये है कोई सपना
पिता सा चेहरा मेरा,
उन जैसा ही स्वाभिमान है
मानो ये आत्मा मेरी नहीं,
उनकी पहचान है
जो छोड़ गये दुनिया में मुझे,
अपनी निशानी बना कर
समझा गये जीने का सलीका,
एक मीठी कहानी बता कर!

मुझे एक मौक़ा ऐसा दे दे,
ऐ मेरी ज़िन्दगी!
झुक जाऊँ!
पिता के पैरों पर,
कर सकूँ उनकी बन्दगी
बस! एक बार!

एक बार! ये मौक़ा दे दे मुझे
उन बिना कितना अधूरा हूँ,
ये कैसे समझाऊँ तुझे!

आज तलाशती हैं उनको,
मेरी निगाहें
याद करके उठता है दर्द,
निकलती हैं आहें
जो मुझे सुख देने के लिए,
ख़ुद पूरी ज़िन्दगी रहा जीता
वो कोई भगवान नहीं,
कोई चमत्कार नहीं,
वो हैं मेरे पिता!
याद आता है उनका मुस्कुराता,
वो प्यारा सा चेहरा मुझे
ढूँढ़ता हूँ पागल सा,
पुकारता हूँ ऐ ज़िन्दगी तुझे!

मुझे ऐ मेरी ज़िन्दगी!
एक बार, सिर्फ़ एक बार
मौक़ा दे के तो देख
मुझे मेरे पिता का वो,
प्यार लौटा के तो देख
वादा है तुमसे!
उनपे सबकुछ लुटा दूँगा

जी भर कर रोऊँगा,
सीने से लगा लूँगा
विरह में कुछ भी तो,
समझ नहीं आता मुझे
लौटा देने को! क्या लालच दूँ,
ऐ मेरी ज़िन्दगी तुझे!!

ऐ मेरी ज़िन्दगी!
तूने सँभाला भी!
ख़ुश भी बहुत रखा मुझे
पर एक दु:ख है,
सुनाना चाहता हूँ तुझे!

81

तनहाइयाँ

रोज़ अनगिनत ख़्वाहिशों ने
उड़ने को तोले पर
कभी बिसात से ज़्यादा
कभी बिसात भर

कितनी ही बार
हौसले की उँगली थाम कर
तय करते चले गये
हज़ारों मील का सफ़र

बारहा
बादलों के उस पार झाँक आये
फिर भी
न आसमान को छू सके
न ही,
मन मुताबिक़,
ज़मीन हासिल कर पाये!

उम्र हो गयी
सब्र के घूँट पीते-पीते
जीने की आरज़ू में
जीते-जीते
कितने साल बीत गये
वक़्त के लगाये
ज़ख़्मों को सीते-सीते

हर सुबह
घर से
एक नयी उम्मीद लेकर जाते हैं
हर शाम
एक अधूरा सपना,
रास्ते में छोड़ आते हैं!

साथ निभा रही हैं,
बरसों से
बस!
कुछ मजबूरियाँ!
उदासियाँ!
ख़ामोशियाँ!
तनहाइयाँ!

पीछा करती हैं अक्सर,
भूली बिसरी यादें
यादें!
ख़ुशगवार मौसम के,
रंगीन लम्हों की
किसी की डबडबायी आँखों की
भीगी पलकों की
खनकती चूड़ियों की
दबी-दबी सिसकियों की!

कभी-कभी
एक दर्दीला एहसास
दिल को सिहरा जाता है
कि,
वह नज़ारे,
जो सिर्फ़ हमारे लिए थे,
बारहा देख कर भी,
उन नज़ारों को,
ठीक से,
जी भर के देख नहीं पाये!

82

एक तुम... एक मैं

आज अचानक तुम से मिल कर
याद आ गया अपना बचपन
एक दूसरे से बे-बात लड़ना
खीझना और फिर हँस देना
याद आये, रेत पर घरौंदे
बनाते दो मासूम बच्चे
एक तुम... एक मैं

क्यों न आज फिर
वही शरारतें दोहरायें
रेत पर घरौंदे बनायें
और फिर,
पहले की ही तरह तुम
वो घरौंदा तोड़ देना
रेत पर बिखेर देना
और एक बार फिर हम
लड़ें, रूठें
और एक दूजे को
मनायें
दो से फिर एक हो जायें
एक तुम... एक मैं

नहीं! आज हम एक ही रहें,
कभी न टूटें न रूठें
चलो आज हम बनायें

एक खिलौना
जो हो तुम जैसा प्यारा
और मुझ जैसा न्यारा
सुनायें उसे अपनी अधूरी कहानी
और शायद इस तरह
पूरी हो अपनी कहानी
और अमर हो जायें दो चेहरे
एक तुम... एक मैं

83

ताप का गरल

मैं कवि हूँ!
इसलिए,
आम मनुष्यों से थोड़ा जुदा हूँ
और शायद इसी लिए
ख़ामोशी की गहराई में,
मन की चीत्कार छुपाये
ताप का अन्तिम गरल तक
पी चुका हूँ!

घायल वजूद
टूटे सपने लिए
गुमशुदा मंज़िल की खोज
बीते हुए दिन
कुछ कड़वी,
कुछ मीठी यादें
बिखरे हुए एहसास
बस!
यही सरमाया है मेरे पास!

शुक्र है,
ऐ मालिक!
ऐ मेरे ख़ुदा!
कि मैंने,
अपनी आत्मा पर लगी,
हर एक खरोंच से,

मुस्कुरा कर इन्तक़ाम लिया।
सोचा और तसल्ली की
शायद यही तक़दीर है
जब कभी क्रोध आया,
झल्ला कर,
खुद को घायल किया।

महादेव नहीं!
परन्तु,
कवि तो हूँ!
हद से ज़्यादा,
भावुक हूँ!
इसी लिए,
क्रोध का सारा विष पी लिया!
नहीं तो,
कमज़ोर मनुष्यों की तरह,
जीते जी मर गया होता!
या कर्महीन हो कर,
बनवास ले चुका होता!
या शराब के नशे में डूबा,
कहीं सड़क पर पड़ा होता!

भाग दौड़ से फ़ुरसत पा कर
अशान्त मन को,
शान्ति का पाठ पढ़ा कर

अपने तज़ुरुबात,
कविता में डालता हूँ
एकाग्रचित्त हो कर
लिखता हूँ तो,
बहुत सुकून महसूस करता हूँ!

अंकुरित शब्दों को,
धीरे-धीरे उगने देता हूँ
फलने-फूलने देता हूँ
ख़यालों से ऊर्जा पा कर
अपने कर्मठ हौसलों को
जीवन-पथ पर
बेधड़क चलने देता हूँ!

क्योंकि मैं जानता हूँ!
अगर मैं थम गया!
तो,
आशाएँ टूट जायेंगी
नयी मंज़िलें छूट जायेंगी!
इरादों की साँसें थम जायेंगी!

कोशिशों की नब्ज़ जम जायेंगी!
इसी लिए,
मैंने!
ख़ामोशी को,

आवाज़ बना कर
अपने कर्मठ और,
बेबाक मौन के सागर से
एक नयी राह निकाली
और अब
चीत्कार की जगह
भावनाओं की बस्ती में
लेखनी की रौशनी में
कल्पना की दीवाली है।

छवि कवि की

बसन्त चौधरी

पिता	समाजसेवी, उद्योगपति स्व. लूनकरणदास चौधरी
माता	स्व. गंगादेवी चौधरी
जन्म तिथि	वि.सं. 2013 चैत्र 21 गते (अप्रेल 03, 1957)
स्थायी पता	सरस्वती सदन, त्रिदेवी मार्ग, ठमेल पो.बा.नं. 648, काठमांडौं
शैक्षिक योग्यता	वाणिज्य शास्त्र में स्नातक
सृजनात्मक पृष्ठभूमि	विद्यार्थी जीवन से साहित्य-सृजन में निरन्तर रचनाशील

प्रकाशन	'माया बल्झेछ', 'तिम्रो नाममा', 'रिफ़्लेक्शन ऑफ़ लव', 'ओनली लव', 'लव फॉर ऐवर' और 'वसन्त वेला'
हिन्दी भाषा का गीत एल्बम	'कुछ ख़्वाहिशें कुछ बन्दिशें' और 'मोमेंट्स् ऑफ़ लव'
निबन्ध संग्रह	'राष्ट्रीयता नदुखोस' और 'संवाद'
कविता संग्रह	'मेघा' (नेपाली एवं हिन्दी), 'मेरा कविताहरु', 'आँसुओं की सियाही से' (हिन्दी), 'चाहतों के साये में' (हिन्दी एवं अंग्रेज़ी) तथा नौ भाषा में सृजित 'वसन्त'
उक्ति संग्रह	'जीवन-मन्त्र'
विश्व-काव्ययात्रा	सन् 2012 से आयोजित
एकल कविता वाचन	विश्व के 10 देशों के 20 शहरों में सम्पन्न
साहित्यिक कृतियाँ एवं पत्रिकाएँ	'द रीयलम', 'उर्वशी', 'सत्ता' और 'दि इंडिपेंडेंस'

poet@basantchaudhary.com
www.**basant**chaudhary.com

शुभेच्छा के मोती...

"आजकल यद्यपि हास्य-व्यंग्य प्रधान रचनाओं का दौर है तथापि कुछ लोग हैं जो गीत-ग़ज़ल आदि लिखकर समाज को लाभान्वित कर रहे हैं। बसन्त चौधरी ऐसे कवि हैं जो अपनी रचनाओं द्वारा नये प्रयोगों, नये बिम्बों का प्रयोग करके हिन्दी कविता को नयी भावभूमि प्रदान कर रहे हैं। इनका यह प्रस्तुत काव्य-संग्रह मेरे तथ्य की पुष्टि करेगा और निश्चित रूप से इनकी रचनाएँ पाठकों के हृदय को बहुत आनन्द प्रदान करते हुए काव्य का नया स्वरूप लायेंगी।"

–पद्मभूषण गोपालदास 'नीरज'

"निरन्तर संवेदनहीन और अमानवीय होते हुए समाज में जहाँ प्रेम का अकाल है और हिन्दी-काव्य-साहित्य में प्रेम कविताओं का, ऐसे परिदृश्य में मिलन और विरह के कहीं चटकीले और कहीं उदास प्रेम गीतों/ग़ज़लों का यह संग्रह सुखद एहसास देता है।"

–लक्ष्मीशंकर बाजपेयी (पूर्व उप-महानिदेशक, आकाशवाणी)

"नेपाल के व्यवसायी बसन्त चौधरी साहित्य में भी रुचि रखते हैं और ख़ुद कविताएँ लिखते हैं, यह ख़ुशी की बात है। नेपाली भाषा में अपने दो काव्य-संग्रहों के कारण आप पहले ही ख्याति प्राप्त कर चुके हैं । और अब हिन्दी में भी कविताएँ रचकर आपने अपने हिन्दी-प्रेम का परिचय दिया है, प्रेम-रस में पगी आपकी ये रचनाएँ पाठकों एवं श्रोताओं को आनन्दित करेंगी और हिन्दी साहित्य में समुचित स्थान प्राप्त करेंगी, ऐसा मुझे यक़ीन है।"

–पद्मश्री 'बेकल' उत्साही

"नेपाल जैसे चारों दिशाओं से भूमिव्याप्त प्रदेश से आये और एक व्यवसायी रहे बसन्त चौधरी को मन की गहराई नापने की चाहत ने ही उन्हें 'सागर' बना दिया है। यह कविताएँ केवल शब्द चमत्कृति नहीं हैं। हर कविता एक सुन्दर गीत है। अपनी स्वाभाविक गेयता के कारण हर रचना लय को साथ लाती है।"

–ख़य्याम (संगीतकार)

“बसन्त चौधरी के यहाँ अगर कबीर और तुलसी की फ़िक्र के चिराग जगमगाते हैं तो वहीं मीर और ग़ालिब के वालिहाना इश्क़ की हरारतें भी महसूस की जा सकती हैं। उनके मौज़ुआत और लफियात ख़ालिस हिन्दुस्तानी हैं। उनके अशआर में वो मंज़र साँस लेते नज़र आते हैं जो हिन्दुस्तान की मुशतरेका तहज़ीब का हिस्सा हैं।”

–हसन काजमी

“बसन्त चौधरी की कविताएँ मन के किसी न किसी तार को ध्वनित कर जाती हैं। लेखन की सफलता तभी है, जब पाठक को लगे कि यदि वो अपनी भावनाओं को शब्दों में पिरोता, तो शायद ऐसा ही लिखता। बसन्त चौधरी की रचनाओं को पढ़कर मैं निश्चित रूप से उन्हें सफल श्रेणी में रखता हूँ।”

–रवि शर्मा (अध्यक्ष, प्रमा ज्योति फ़ाउंडेशन)

“नेपाल की हवाओं की ख़ुशबू और ताज़गी का एहसास कराती हैं बसन्त चौधरी की कविताएँ, जिनमें प्रेम है, प्रकृति है और प्रकृति का सौन्दर्यबोध भी। साथ ही संघर्ष है, द्वन्द्व है और उनसे उबरने की छटपटाहट भी।”

–डॉ. अमरनाथ ‘अमर’ (वरिष्ठ कार्यक्रम अधिकारी, दूरदर्शन)

“इस दौर में सबसे आसान है प्रेम पर आह लिखना, इश्क़ पर हाय-हाय लिखना। बसन्त चौधरी के यहाँ जो इश्क़ है, प्रेम है उसमें हाय तौबा नहीं है या तो बेचैनी है या समर्पण है। इस समर्पण में घनानन्द वाला भाव है– ‘मोहि तुम एक तुम्हें मो सम अनेक आहे, कहाँ कछू चंद को चकोरन की कमी है।’ यह समर्पण हमारे समय की विडम्बना है, लेकिन बसन्त चौधरी उस विडम्बना को यथार्थ तक ले जाते हैं। बसन्त चौधरी की कविताएँ मनुष्य और मनुष्यता के बीच जो बच गया है, उसे बचा लेने की ज़िद है। यह आविष्कार नहीं, परिष्कार की कविताएँ हैं। अपने अन्दर की रिक्तता को दुःख और पीड़ा से भरने का भाव देने वाली कविताएँ हैं। किसी को खो देने का डर जो ज़ेहन के किसी कोने में ठिठक कर बैठ गया है, उससे उबरने की कविताएँ हैं।”

–डॉ. रमा पाण्डेय (प्राचार्य, हंसराज कॉलेज, दिल्ली विश्वविद्यालय)

“His command over Hindi is commendable and his poems are like songs, full of meaningful imagery. I have thoroughly enjoyed singing the lyrics written by him.”

–Roop Kumar Rathod
(Playback Singer & Music Director)

अनेक पल और मैं

आपको अच्छी लगी?

अपने प्रश्न व जिज्ञासा

कवि बसन्त चौधरी

को ई-मेल करें।

ई-मेल: **poet@basant**chaudhary.com

अनुभूतियाँ

आनन्दित हैं, उत्साहित हैं

अनेक पल और मैं !

kaavya-sangrah

Anek Pal aur Mai

BASANT CHAUDHARY

Prakaashit Sangrah

Prakaashan

Maaya Baljhechh
Timro Naamama
Reflection Of Love
Only Love
Love Forever
Vasant Vela

Hindi Bhaasha ka Geet Album

Kuch Khwaahishe Kuch Bandishe
Moments Of Love

Nibandh Sangrah

Raashtriyata Nadukhos
Samvaad

Kavita Sangrah

Megha (Nepali evam Hindi)
Mera Kavitaharu
Aansuo Ki Siyaahi Se (Hindi)
Chaahto Ke Saaye Me (Hindi evam Angrezi)
Vasant (Nau Bhaashaao me)

Ukti Sangrah

Jeevan-Mantra

Vishwa-Kaavya-Yaatra

San 2012 se aayojit

Ekal Kavita Vaachan

Vishwa ke 10 Desho ke 20 Shahro me Sampann

Saahityik Kritiya Evam Patrikaaye

The Reeyalam
Urvashi
Satta
The Independence

वाणी प्रकाशन

kaavya-sangrah

Anek Pal aur Mai

BASANT CHAUDHARY

sampaadan: Dr. Shweta Deepti

वाणी प्रकाशन

4695, 21-A, Dariyaganj, New Delhi 110 002
Phone : +91 11 2327 3167 Fax : +91 11 2327 5710

Shaakhaaye

Ashok Rajpath, Patna 800 004, Bihar
Coffee House Campus, Mahatma Gandhi Marg, Allahabad 211 001, Uttar Pradesh
Mahatma Gandhi Antarraashtriya Hindi Vishwavidyalaya, Vardha 442 001, Maharashtra
Sultaaniya Road, Motiya Park, Bhopal 462 001, Madhya Pradesh

www.vaniprakashan.com
marketing@vaniprakashan.in
sales@vaniprakashan.in

ANEK PAL AUR MAI

by Basant Chaudhary
Edited by Dr. Shweta Deepti

ISBN : 978-81-948736-0-0
Collection of Poems

Pratham Sanskaran 2021

Mulya: ₹ 399

Rekhaankan, Aavaran evam Pustak Sajja: **Rachna Bhagat**
Roman Anuvaad: **Suryanshu Pratap Singh**

Vani Prakashan ka logo Maqbool Fida Hussain ki koochi se

Mudrak : **Saurabh Printers Pvt. Ltd.**

sankalpit saahitya-sarovar
bhaavo ke moti chhalkaaye
shabd pushp ke haar goonthkar
divya-gyaan ke deep jalaaye
aanandit hai, utsaahit hai

Anek Pal aur Mai !

SAMARPIT

un palo ko
jinhone zindagi ko samajhne ka avsar diya
"aankhe kai tasveero ko
qaid kiye band ho jaana chaahti hai
aakhir kyo khulna chaahti hai
varsho se band aankhe is waqt"

PRASTAAVNA

Shabdo ke aalok me

Basant Chaudhary ki kavitaaye

Kavita ke baare me sadiyo se kaavyashaastriyo ne kasautiya batai hai. Kavita kya hai? Ras kya hai? Bhaav kya hai? Samvedna kya hai? Hamaari kavi parampara bahut samriddh rahi hai. Yaha Vaalmiki, Kaalidaas, Bhaas, Bhavbhooti se lekar aaj tak ki kavita parampara me jo kuch likha jaa raha hai weh sab is kavita parampara ka daay hai. Kavitaaye likhi jaati rahegi jab tak ek bhi sahridya vyakti dharti par upasthit rahega. Kavita ek kala hai. Yeh kavi ko ek saadhaaran manushya se alag karti hai. Hum sab wahi dekhte hai jo ek kavi dekhta hai, wahi anubhav karte hai jo ek kavi karta hai, wahi kehna chaahte hai jo ek kavi kehta hai. Lekin ek saadhaaran manushya ke dekhne aur kavi ke avlokan me farq hai. Yehi farq ek manushya ko kavi roop me parinat karta hai.

Kaisi ho kavita jo saadhaaran chitt ko chhue. Jo hriday ka parishkaar kare. Manushya ki malintaao ko door karne me sahaayak ho. Kavita ke liye aachaaryo ne apni-apni mati aur kavitt vivek se bahuteri paribhashaaye di hai. Ek ras se paripoorn vaakya hee kavita hai. Weh kaavya kya jisme ras na ho. Yehi kaaran tha ki sanskrit ke Mahaakavi Vaanbhatt jab mrityu ke sannikat thay to unhe chinta hui ki Kaadambari jo teen janmo ki katha hai, weh to adhoori hee hai. Asamay dehaavasaan hua to kaun isay poora karega? Lihaaza apne dono purtro ko bulaaya aur kaha dekho jo saamne dikh raha hai usay apne shabdo me kaho. Wey ek sookhe ped ki ore dono ka dhyaan aakrisht kar rahe thay. Ek putra ne jas ka tas drishya rakh diya unke samaksh. Shushke vriksham tishthdatyugrey. Vaanbhatt ko lag gaya isme kavitva nahi hai. Yeh to bahut neeras drishyaankan hai. Dusre putra ko bulaaya aur kaha tum batao kya hai yeh. Usne kaha—neeras tarurih vilsati puratah. Aisa sajal saras drishyaankan sunkar wey aashvasht hue ki ab koi chinta nahi. Mar bhi gaya to Kaadambari ki chinta na rahegi. To yeh hota hai kavitva, jo saadhaaran se drishya ke bakhaan ya varnan se maarmikta bhar deta hai.

Kisi aachaarya ne kaha, kavita ki aatma reeti hai. Rachne ka tareeka, pravidhi. Aise bhi kavi hue hai hamare samay me jinhone reetibadhhta ko apne kaavya ka uddeshya maana. Ek aachaarya ne kaha, 'kaavyasyaam-atmaan dhwani'. Kaavya ki aatma to dhwani hai. Is tarah kavita ki anek shaashtriya paribhaashaaye ki gayi. Aachaarya Vishwanaath, Mammat, Vaaman, Pandit Raajshekhar, sabhi ke apne-apne mat. Lekin 'kavay tu nirankusha' kavi to nirankush hote hai kaavya ke lakshano par kavita karna sahaj nahi hai. Isiliye Aachaarya Kshemendra ne 'kavi kanthaabharan' me kaviyo ko sachet kiya ki wey vaiyaakarno se bach kar rahe. Wey har jagah jaaye, har anubhav le, par vaiyaakarno, aalochako se bache.

Kavita ki paribhaashaaye ban sakti hai par kavi kisi bandhan me nahi baandhe jaa sakte. Isiliye kaha jaata hai ki falaa kavi ke liye alag kaavyashaashtra chaahiye. Usay parakhne ki kasautiya praasangik nahi hai.

Aaj kavita chhando ke kathin path se bahut aagey nikal aayi hai. Kavita ki mukti ke liye niraala ne jo aahvaan kiya tha, us path par aakar usne vaichaariki ka sahaara liya hai. Ab kavita kewal ras nahi, bhaav nahi, reeti nahi, dhwani nahi, weh ek vichaar bhi hai. Har kavita ek vichaar karti hai. Weh kavi ke vivek ka udbhaavak hoti hai. Basant Chaudhary ki kavitaaye vichaaro aur bhaavo ki sahchari hai. 'Anek Pal aur Mai' sheershak kaavyakriti me wey apni lagbhag 83 kavitaao me bhinn-bhinn kathya aur vichaaro ke saath saamne aate hai. Ye kavitaaye Basant Chaudhary ke chitt ka gyaapan bhi hai aur is samay ki gatividhiyo ka saakshya bhi. Acchi kavita sanketo me baat karti hai. Bahut jyada nahi bolti. Weh paathko ke liye sahridyo ke liye antaraal chhorti chalti hai. Weh apne paath ke alaawa paathaantar me hoti hai. Kavita ke arth ko bhi baandha nahi jaa sakta. Paath wahi par vivechan alag-alag. Yeh rasagya ke saamarthya par hai ki weh kaisa arth lagaata hai. Wey kehte bhi hai–

Mann ki ashudhhta
vikrat kar deti hai buddhi ko bhi.
Kyonki chintan ke liye
mahatvapoorn hai,
shuddh aatmik, saatvik
aur saarvbhaumik manan.
Aavashyak hai,

tan-mann ki shuddhta
aur buddhimata,
taaki kiya jaa sake
chintan! vishuddh chintan!!

Kavita ek star tak pahunch kar vishuddh chintan me badal jaati hai. Kavimana vyakti ko bina pustak ke saahcharya ke neend nahi aati. Sirhaane pustake ho to mann jaise kisi pavitra parisar me mehsoos karta hai. Wahi to hai jo chitt ka parishkaar karti hai. Basant Chaudhary aisi hee ek kavita me kehte hai—

Kitaabe samaa jaana chaahti hai mujhme
aur aahista-aahista mai
upvan, pahaad, sugandh aur
yaado se bhari panktiyo me
roopaantarit ho jaata hu.
Aur phir mai, mai nahi rehta
ban jaata hu ek poori kitaab

Basant Chaudhary ki in kavitaao me smritiyo ki aabha hai. Sudhiyo ke aakaashdeep hai jo kalpanaao ka path prashasht karte hai. Wey akaaran nahi kehte, 'jaha milte hai dharti aur aakaash/us godhooli anupam vela me/laut rahi gaayo aur dhoolkano ke sang/tumhari yaad bhi udkar aati hai/aur mujhe chhoo jaati hai.' Godhooli vela par kaviyo ki sadaiv saundaryadrishti rahi hai. Yeh ek tarah se abhisaar vela bhi hai. Isi sandhibindu par pahunch kar chitt kavyamay ho uthta hai. Kavi ki kaamna ke path me shabd bhi jaise nirstitva ho uthte hai. Weh prem ke path buhaarta hai jaise basant dharti ki agvaani karta ho pushpvallariyo se. Kavi kehta hai–

Aao, behichak aao
kyo digbhramit ho
kyo nahi sun rahe ho
meri pukaar
mai shabdo ke vyapaar se
bahut door hu
aur shaayad tum bhi.
Shabd to jaal hai,
prem nahi
maine bichha rakhi hai palke,
tumhare satkaar hetu.

Kavi keh raha hai apne preyas se ki mai chitt se sarvatha shuddh hu, shabdo ke kaarobaar se bhi virat, kyonki shabd bhi to ek jaal hai. Isiliye kabhi-kabhi hum shabdo se nahi, us bhaavna se kaam lete hai jiske aagey shabd bhi bemaani ho uthte hai. Shabd hee paryaapt hote to rahi sahi dou kahi deen hichkiyan sau– abhivyakti ka achook maadhyam kyokar hota. In kavitaao me aise hi mand-mand deepak sa jalta hai mann ke kone ko ujiyaar karta hua. Bina prem ke koi abhivyakti sampoorn nahi hoti. Is arth me har kavi jaise prem ka kavi hota hai, kavi priy se samvaad ka koi na koi avsar nikaal hee leta hai. Kaha hai Ghanaanand ne, 'ati soodho saneh ko maarag hai'. Prem ka path kitna sahaj hai. Koi chhal nahi koi prapanch nahi, yeh ek saajhi samvedna hai jo priy ke smaran maatra se sudhiyo ka ek pul banaati hai. Tabhi Neeraj ne ek geet me likha tha—'prem path ho na soona kabhi isiliye/jis jagah mai thaku us jagah tum chalo'.

Aisi sukomal bhaavnaaye yaha anek kavitaao me vyanjit hai jis-se Basant Chaudhary ke chitt me utarne par basant ki khushboo aati hai. Yeh basant ki nahi, prem ki khushboo hai, anuraag ka ras hai, shabdo ka maun anhad hai jo kewal priy chitt me dhadakta hai. Weh kehta hai—neh-neer beh nikli hai/aankho ki kor se/paavan ganga ban. Kisi kavi ne kya khoob kaha hai—wo mujhe yaad karke roya hai/ho gaya ishq ka bayaa aakhir. Aankho ki kor ka bheegna ek kriya bhar nahi hai weh ek abhivyakti hai jo aankho ki kor se beh rahi hai paavan shuddh chiti ka chaitanya ban. Jaise dharti par baalravi ki kirne padte hee poori vasundhara roshni se aachhaadit ho uthti hai waise hee shabdo ke aalok se priy ka chitt ninaadit ho uthta hai, deept ho uthta hai. Prem kabhi basant ban kar aata hai, kabhi ghan aanand ban kar chhaata hai, kabhi sharad ki raato ki ullaas ban kar. Weh rituo ke vaividhya me panapta hai. Shabd ritu ban kar premiyo ko hulsaate hai. Aur jab preeti ki yeh kani premi kavi ke hee chitt me samaa jaaye to pranay ki udaatt aabha jaise ek paras ban kar fail jaati hai. Basant Chaudhary ki prem se bheegi anek kavitaao ke guchhe yaha hai jinse guzarte hue lagta hai hum rituo ke kisi mahotsav me aa gaye hai.

Basant Chaudhary ne ujaale par likha hai, deepotsav par likha hai, rituo par likha hai, baadal par likha hai, paush aur sharad par likha hai, sukh-dukh aur dhoop-chhaav par likha hai, maa, beti aur baabu ji par likha hai, aangan ke us darakht par likha hai jo barso se zameen par dhridhta se tika hua hai, jisne samay ke patjhar aur kitne hee basant dekhe hai.

Is tarah dekha jaaye to Basant Chaudhary sambandho ke kavi hai, gaarhasthya bodh ke kavi hai. Apne des, apni zameen ke kavi hai. Nepal ke liye unke mann me atoot prem hai. Tabhi to wey swachh Nepal ki parikalpana karte hai. Apne desh ki behtari ki kalpana karte hai. Yeh kavi ki rashtriyata hai jo unhe ghar, patni, maa-pita va priy se ghanishthta se jode rehti hai. Weh phaagun ki raah agorta hai, saawan ki kalpana me bheegta hai, basant aur phaagun ki jugalbandi us-se batiyaati hai, kehna na hoga ki Basant Chaudhary ke naam me hee aisa basanti ullaas hai ki weh unki kavitaao me mahue-sa tapakta aur mehkaata hai. Unhe jharne lubhaate hai, bachpan lubhaata hai, wey prem ki udaattata ko chhoona aur jeena chaahte hai, wey pattharo me bhi apratim roop laavanya dekh kar bhaav vibhor ho uthte hai, usay mukt mann se saraahte hue nahi thakte. Kavitaaye unke is saundaryabodh ki gawaahi deti hai.

Wey antarmukhi nahi bahirmukhi kavi hai. Unka mann samvaadi hai. Weh bheetar hee bheetar umad-ghumad kar nahi reh jaata balki apne bhaav ko shabdo ke aabharan me sajaana jaanta hai aur sab kuch seedhe-seedhe keh dene me yakeen rakhta hai Bachhan ki tarah jo kaha karte thay—'mai chhupaana jaanta to jag mujhe saadhu samajhta'. Dekhiye bachpan par hum sabne bahuteri kavitaaye padhi hai. Suparichit kavyitri Subhadra Kumari

Chauhan ki 'baar-baar aati hai mujhko madhur yaad bachpan teri' bhi. Par Basant Chaudhary bachpan ki manuhaar kaise karte hai, yeh kavita khud jataati hai—

Kabhi-kabhi to aa jaaya kar
bhole bachpan,
pyaare aur salone bachpan
maa-baapu, didi ka bachpan
alhad, chanchal, natkhat bachpan
kabhi-kabhi to aa jaaya kar.

Kab aaya, kab chala gaya tu
aa phir se hum naache gaaye,
bina kaam hum daud lagaaye
aa jaa phir fislenge bachpan
kabhi-kabhi to aa jaaya kar.

Bana gaya hai ek yuvak bhi
prem diwaana ya mastaana
school, college masti ke din
aawaara, yaayaavar jeevan,
lakshyaheen kshan prem-preet ke,
chhup-chhup gupchup milna-julna
naval preet ka jwaar jagaakar
pratham prem ke kislay bachpan
kabhi-kabhi to aa jaaya kar.

Aa jaa jaldi, bhoole priyvar
phir milwa de ya dikhla de

bagiya ki jhaadi me dubke
naval neh ke wo naazuk pal
kavit kosh ke ujjwal bachpan
kabhi-kabhi to aa jaaya kar.

Yugal geet-gaayan ki ghadiya
phoolo par mandraati kaliya
bhawaro se batiyaati titliya
tera ghar wo teri galiya
paavan, paak parimal bachpan
kabhi-kabhi to aa jaaya kar.

Yeh ateet raag hai. Beete hue din hum phir se jeena chaahte hai aur chaahte hai ki wey chitra bachpan ke, wey shaitaaniya bachpan ki weh bholapan bachpan ka phir se laut aaye. Par beete hue din kaha laut-te hai bhala. Kaal ki yehi gati hai. 'Kaalo na yaat vyamev yaat'. Wey kehte hai abhi samay hai. Jaago cheto. Khud se pyar karna seekho. Khud se samvaad karna seekho.

Jaag jaa, chet jaa, samay rehte
swayam se takraar kar, swayam se hee pyar
adbhut nijee sundar vaartaalaap
sambhalkar par bheetar utar.
Ab jhaanko zara apne bheetar.

Isay padhkar kisi shaayar ka kaha yaad ho aata hai—chhor de kuch nahi hai ranjish me/aa mere saath khel baarish me. Yaad kar nange paav daudte thay/door tak titliyo ki khwahish me. Is tarah ye kavitaaye bhi sukomal chitt ka aabhaar gyaapan hai. Kavi ke hee shabd udhaar lekar kahe to inme nadiyo, jharno ki kal-kal hai, pakshiyo ka kalrav hai, bhramaro aur titliyo ka gunjan hai, vriksho va lataao ki marmar hai. Yaani jeevan ke ullaas ke ye kshan kitne vividhvarni hai aur is vividhvarni anek palo ke beech kavi hai. Shabdo aur bhaavnao ka ek alag hee sansaar basaaye. Apne bheetar ke basant aur apne bheetar ke deep ko jalaata hua appodeepobhav ki mudra me kavi ke ye shabd nishkamp deep pankti ki tarah hai jo andhere avsaad bhare palo ko ullaas se roshan karte hai.

Kisi ne kya khoob kaha hai ki "kavita par atyaachaar bhi bahut kuch hua hai. Lobhiyo, swarthiyo aur khushaamadiyo ne uska gala dabaakar kahi apaatro ki aasmaan par chadhne waali stuti karai hai, kavi dravya na dene waalo ki niraadhaar ninda. Aisi tuchh vriti waalo ka apavitra hriday kavita ke niwaas ke yogya nahi. Kavita devi ke mandir unche khule, vristrat aur puneet hriday hai. Sachhe kavi raajaao ki sawaari, aishwarya ki saamagri me hee saundarya nahi dhoondha karte. Wey phoons ke jhopdo, dhool-mitti me sane kisaano, bachho ke muh me chaara daalte hue pakshiyo, daudte hue kutto aur chori karti hui billiyo me kabhi-kabhi aise saundarya ka darshan karte hai jiski chhaya bhi mehlo aur darbaaro tak nahi pahunch sakti. Shrimaano ke shubhaagaman par padya banaana, baat-baat me unko badhaai dena, kavi ka kaam nahi. Jinke roop ya karmkalaap jagat aur jeevan ke beech me usay sundar lagte hai, unhi ke varnan me weh 'swaant sukhaay' pravatt hota hai."

Kavita manushya se manushya ke beech ke raagaatmak sambandho ka pul hai jiske nirmaan me kavi anvarat sanlagn rehta hai. 'Anek Pal aur Mai' ki kavitaaye isi swapnmayta aur anuraagmayta ka izhaar hai. Samkaaleen kavita me ye sukomal kavitaaye nischay hee apna sthaan banaayegi, aisa vishwaas hai.

–Dr. Om Nischal

(Kavi-Geetkaar, Aalochak evam Bhaashaavid)

Uttam Nagar, New Delhi - 110 059

AAMUKH

Bahurangi aur bahuvidh
Swaro se labrez 'Anek Pal aur Mai'

Mujhe yeh jaankar atyant harsh ho raha hai ki Nepal ke suprasiddh kavi Basant Chaudhary ka teesra kaavya-sankalan 'Anek Pal aur Mai' sheershak se prakaashit hone jaa raha hai. Inke kaavya-sangrah 'Aansuo ki Siyaahi se' tatha 'Chaahto ke Saaye me' paryaapt charchit rahe hai. Inki kavitaao ka sabse bada vaishishtya yeh hai ki wey sahaj kintu gambheer kavita ki koti me aati hai. Unhe satahi taur par nahi liya jaa sakta hai. Inhone jeevan ke arthvaan pal ko apni kavitaao me samet liya hai. Inka sahaj aur paardarshi vyaktitva, inka jeevanaanubhav inki belaus abhivyakti ka sahaara paakar jis sanjeedgi ke saath kaavyanubhav me roopaantarit ho jaate hai weh sahriday paathak ke liye ramaniya vastu hai. Inke anubhavo ki nijta, paripakva soch, lok nirikshan ki sookshmta aur gahan saamaajik sarokaar is sankalan ke vyaktitva ko roopakaar pradaan karte hai. Isme kul 83 kavitaaye sankalit hai jo lagbhag itne hi vishyo ka satark punah srijan hai.

Basant Chaudhary ke kaavya ki sabse badi visheshta yeh hai ki wey jeevan aur jagat ko uski vyaapakta aur vividhta me dekhte hai. Is kaarya me unki paripakva samajh, bhedak-drishti aur ghanibhoot samvedna sahaayak bankar aati hai. Is sankalan ki kavitaaye sheershak ke anuroop kavi ke jeevan ke anek palo aur uske jeevan-aanubhavo ka saarthak roopaayan hai. Inki kavita 'chintan' me inhone kavi tan ki shuddhta ke saath mann ki shuddhta par zor diya hai aur tan-mann ki ekroopta ko chintan ka anivaarya tatva batlaaya hai. Hum satya ke vaastavik swaroop tak tabhi pahunch sakte hai. Iske baad kavi 'kitaab' sheershak kavita me pustako ke sambandh me badi adbhut baat kehta hai jo sangharsh evam niraasha se ubarne ka sambal hoti hai. Weh likhta hai ki "maine aksar mehsoos kiya hai/mai jab bhi kitaabo ki/duniya me pravesh karta hu/to khil uthte hai rang-birange/bhaavnaao ke anginat phool/jinme shaamil hote hai/kabhi to sangharsho ke pahaad/kabhi niraasha ke/athaah aseemit saagar/kintu yeh adhik samay tak/tikte nahi kyonki/agle hee kshan/aakar sambhaal leti hai/baadhaao ko paar karne ki/anubhavo ki anant/uttam uktiya unhi panno se."

Kavi ke anusaar pustake uski sabse vishwasniya mitra hai jinke saanidhya me uska ateet udbhaasit ho uthta hai. Weh us-se aatmiya samvaad karne lagta hai. Basant Chaudhary 'mai', 'avchetna', 'saayaas', 'hasrate', aur 'anubhooti' sheershak kavitaao me apne niji sukh-dukh, aasha-niraasha, sangharsh-sankalp ityaadi ko itne sanshilisht roop me prastut karte hai ki unka jeevanaanubhav hee kaavyaanubhav ban jaata hai. Kavi ke antas ka swar, uski anubhooti ke vividh sopaano par aaroodh hokar anirvarchniya aanand ki uplabdhi karwaate hai. Weh 'kona' sheershak kavita me ghar ke kone ke saath-saath mann ke kone ka prateekaatmak arth bhi bhar deta hai. 'Swarg-apsara' sheershak kavita me naari ke anant ramaniya saundarya ki smriti graamin prakriti ke manoram drishyo ki saapekshta me chitrit hui hai. Isi tarah 'aavaran', 'dhadkan', 'maun-sampreshan', 'sheetal-chaandni', 'yaad', 'prakaash parv', 'paush ki subah', aur 'dhoop-chhaav' jaisi kavitaaye swa ka sandhaan aur prakriti me saundarya evam prabhaav ke srijan dwara jeevan ke prati sweekriti ka bhaav bharta hai. Samkaaleen hindi kavita jis maanviya evam paariwaarik rishtey ko aatmiyta tatha talleenta se chitrit karti hai weh Basant Chaudhary ki kavitaao me bhi poori sookshmta evam vaidagdhya ke saath prastut hui hai. Is drishti se 'bitiya', 'maa', 'baabu ji' sheershak kavitaaye apni sahajta, antarangta aur aatmiyta ke chalte vishesh dhyaan kheenchti hai. Isi tarah 'astitva ya aatma', 'bheetar sannaata', 'aasakti' aur 'jeevan-chakra' jaisi kavitaaye Basant Chaudhary ke astitvavaadi, niyativaadi aur daarshnik chintan ko abhivyakt karti hai. Kavi aatm-anveshan ki stithi me apne astitva ke prati jigyaasu hai. Vastutah deh evam aatma ki sahstithi hee astitva hai. Kavi ka bauddhik vyaktitva uske hone ki satat prakriya se guzarta rehta hai.

Hamari vartmaan sabhyata ne jin sankato ko janm diya hai usay hamara kavi badi teevrata se anubhav karta hai. Weh 'kaal bana sookshm Corona' jaisi kavita likhkar na kewal apne daayitva bodh ka nirvaah karta hai, apitu vartmaan paristhiti ki bhayaawahta tatha amaanviya sthiti ka bhi sanket karta hai. Kavi bhalibhaanti jaanta hai ki sangharsh aur saundarya jeevan roopi ek hi sikke ke do pahlu hai. Weh in dono ke samanvit chitran dwara apne srijan ko samagrata pradaan karta hai. Aisa maana jaata hai ki ramaniyta par mugdh hona, saundarya ka sandhaan karna aur aatmvibhor hone ki sthiti ka vishleshan karna kavi-swabhaav ka ang hai. Basant Chaudhary ki prem sambandhi kavitaaye unke saamaajik sarokaaro wali kavitaao ka pratisantulan hai. In kavitaao me 'prem ka sandesh', 'prem-prateeksha', 'shaashwat prem', 'tumhe dekha hai', 'bhool jau', 'aa jaaya kar' vishesh roop se ullekhniya ban padi hai jisme kavi mann taral evam ekaantik anubhootiya anaavil aakaar paati hai. Kavi 'aisa kyo hai' sheershak kavita me uska raagbodh jis mohak evam masrin bimb ki srishti karta hai weh atyant mohak hai. In kavitaao me sanyog ka sukh, uski smriti ki tees aur kasak kavi ke aantrik jeevan ka uchchhal bhaavaveg bankar prakat hua hai jisay kavi prakriti ke manoram bimbo ke saadrishya ke saath aur bhi prabhaavi bana deta hai. Kavi sadaiv basant ki kaamna karta hai kintu weh jaanta hai ki upvan ke bhaagya me bhi yeh sambhav nahi hai. Weh is kaavya-sankalan ki sheershak kavita 'Anek Pal aur Mai' dwara apne evam kavita ke swabhaavik rishtey tatha uplabdhiyo ko lekar aashvasht hai. Weh likhta hai ki— "sankalpit saahitya-sarovar/bhaavo ke moti chhalkaaye/

shabd pushp ke haar goonthkar/divya gyaan ke deep jalaaye/aanandit hai utsaahit hai/anek pal aur mai". Yehi kavi jeevan ki saarthakta hai.

Saaraansh yeh hai ki prastut sankalan ki kavitaaye vaividhyapoorn, bahurangi aur bahuvidh swaro se labrez hai. Isme kavi mann sahaj samvedna, vartmaan sabhyata ke kaarya-vyaapaar, pariveshgat vivartan, prakriti ke prati raagparak rahasya chetna aur prem evam saundarya ki anekvarni chhaviya apne sampoorn bhaav-vaividhya ke saath upasthit hai. Ye kavitaaye baahar se dekhne par jitni saral aur subodh dikhlaai padti hai utni hee apne arthbodh ke liye paath ki gehanta me jaane ki maang karti hai. Kavi ne apni taral samvedna evam bhedak drishti dwara jis anubhav vaividhya ko kavitapan ke chatakh rang se sawaara hai wah apni sahajta me bhi mohak hai. Ye kavitaaye paathak ko kahi bhi bojhil nahi lagti balki inki pathniyta uske dil me seedhe utar jaati hai.

Basant Chaudhary saundarya ke jeevandharmi drishtikon ke saath rachnaarat hote hai aur prakriti evam maanviya jeevan ke sutro ka sanshleshan karte hai. Wey prakriti ke anant ramaniya vaibhav aur jeevanaanubhavo ke antaraavlamban ko kalaatmak abhivyakti pradaan karte hai. In kavitaao me kavi ki sarjnaatmak chetna maanav-mulyo, ekaantik anubhootiyo aur kala-mulyo ka suparinit roop rachti hai. Phalatah inme sahajta, saundarya, saadgi, tatkepan ka bhaav aur pathniyta vishesh roop se aakarshan ban padi hai. In kavitaao ka kalaatmak anubhav kavi ke niji anubhavo evam maanviya sarokaaro ko samay tatha samaaj ki saapekshta me prastut karta hai jis-se uski saarthakta badh gai hai.

Ye kavitaaye apni bunaawat me nihaayat swachh, swasth aur saabhipraay hai. Jaha tak bhaashik prayogo ka sawaal hai to weh apni abhivyanjana me atyadhik sateek, talsparshini aur arthpoorn hai. Kavi ke vaktavya bhi itne paripakva hai ki wey paathak ke mann par sthaayi prabhaav chhorte hai. Inka paath sagepan ka ahsaas karaata hai. Sankshep me, is sankalan ki kavitaaye is baat ka saboot hai ki Basant Chaudhary ka kavi vyaktitva nirantar vikaasmaan hai aur weh ek badi sambhaavna ki taraf badh raha hai. Mujhe poorn vishwaas hai ki hindi jagat is naye sankalan ka khule mann se swaagat karega.

Shubhkaamnaao sahit.

—Dr Karunashankar Upadhyay

Professor evam Adhyaksh Hindi Vibhaag

Mumbai Vishwavidyalaya

Mumbai - 400 098

SHUBHKAAMNA

Basant ki kavita 'Hriday ki Dhadkan'

Basant Chaudhary ki srijan-pratibha se mai bahut achhi tarah se parichit aur bahut prabhaavit raha hu. Sach kahu, to unki kaavya rachnaao me 'Hriday ki Dhadkan' ko mehsoos kiya jaa sakta hai. Wey jab gazal kehte hai, to lagta hai jaise unka 'dil' hee gazal me utar aata hai. Mai to unhe maanviya-samvednaao ka sachha paarkhi kavi maanta hu.

'Anek Pal aur Mai' unke chintan ka darpan hoga, isi vishwaas ke saath mai Basant Chaudhary ko apni haardik mangal kaamnaaye samarpit karta hu.

—Dr. Yogendra Nath Sharma 'Arun'

Roorkee, Uttar Pradesh

MERI BAAT

Andekhe-anjaane palo se guzarti zindagi anubhavo ke kai rango se hamari pehchaan karaati hai. Umra ka har padaav kai-kai modo se guzarta hua kisi ek haasil tak pahunchta hai. Parantu yeh aavashyak nahi ki weh haasil aapke anuroop ya anukool ho. Hum har roz kuch naya jaante aur samajhte hai, phir us se hee apni zindagi ki kitaab me anubhavo ke naye panne jodte hai. Aaj maine ek baar phir se apni anubhootiyo ke anek palo ko shabdo me gumphit karne ki koshish ki hai. Jee haan 'Anek Pal aur Mai' ke saath mai phir se aapke samaksh hu. Iske poorv mera 'Megha' kaavya-sangrah prakaashit hua tha jisme nepali aur hindi kavitaaye shaamil thi. Iske baad hindi kavitaao ke do sangrah 'Aansuo ki Siyaahi se' aur 'Chaahto ke Saaye me' prakaashit hue. Dard aur prem ki anubhootiya un sangraho me samaahit hui hai. Zindagi me dhoop-chhaav ki tarah hee prem aur dard ka astitva rehta hai, parantu inke saath hee zindagi ke aur bhi kai rang hai jo hame apni ore kheenchte hai, sammohit karte hai, bechain karte hai.

Maine hamesha prem ko aur prem me jeene ki koshish ki hai. Kyonki prem jeevan ka weh upaadaan hai jis-se har yuddh jeeta jaa sakta hai. Dwesh aur ghrina kabhi bhi hame sakaaraatmakta pradaan nahi kar sakte. Ye hame aagey badhne se baadhit karte hai. Prem me mera yakeen hai aur mujhe lagta hai ki is-se hee duniya badalti hai. Isliye yehi meri kavitaao ka aadhaar raha hai.

Prem duniya ke sabse khoobsoorat ahsaaso me se ek ahsaas hai, jisey hum na chhoo sakte hai, na dekh sakte hai, bas mehsoos kar sakte hai. Yeh weh vriksh hai jisme phal aur phool to nahi hote par yeh hame tript aur santusht avashya karta hai. Jaha tak kavitaao ka sawaal hai to kavitaao me komal bhaavnaaye to milti hee hai, par isme katu yathaarth ke pehlu chaahe wo aansu ho, khushi ho, pyar ho, bhookh ho ya maut ho samaavesh hote hai. Isliye aksar meri koshish rehti hai ki meri kavitaaye nadi ki tarah sadaiv gatimaan aur unmukt jharne ki tarah pavitra tatha nischhal rahe.

Paitees varsho ke sakriya lekhan ke baad bhi aisa lagta hai ki zindagi ki paathshaala se abhi bhi mujhe bahut kuch seekhna hai. Kyonki prakriti ka har upaadaan hamaare andar jigyaasaao ko jagaata hai aur yehi jigyaasa jeevan-darshan se hame parichit karaati hai. Ek bechain mann kabhi-kabhi pyar aur dard se alag bhi kuch khojna chaahta hai, tabhi weh apne aas-paas ki har vastu se khud ko aabaddh karta hai, usay samajhna chaahta hai. Har kshan hum srishti ke sach ko jaan-na chaahte hai. Yeh bhatkaav, yeh bechaini kai martaba hame mathti hai aur tabhi hamare andar ki chetna humse kuch ankaha-andekha sa vyakt kara jaati hai. 'Anek Pal aur Mai' sangrah me sangrahit kavitaaye kuch aise hee mulyo par aadhaarit hai. Bachpan se ab tak ke bhaavo ka sanyojan hai yeh sangrah, jaha pyar to hai hee uske saath hee apne bhi hai, unse judi yaade bhi hai, mera desh bhi hai aur in sab me kendrit meri aatma bhi shaamil hai. Ummeed hai ki sudhijano tak avashya meri bhaavnaaye pahunchegi.

Zindagi ki aapaadhaapi ke beech agar yeh kaarya sambhav ho paa raha hai to nisandeh yeh mere apno ke sneh aur sahyog ki wajah se hee sambhav hua hai. Sach to yeh hai ki meri aur meri rachnaao ki sabse mahatvapoorn sameekshak aur maarg-darshak meri patni Meena Chaudhary aur meri zindagi ka sabse aham hissa meri beti Megha hai jo meri prasanshak bhi hai aur aalochak bhi. Aalochak isliye ki aalochana ke bagair hum khud ko parinishth nahi kar paate hai. Aur in sabke saath mai agar 'Aahna' ka naam na lu to mai poorn nahi ho sakta, kyonki wahi to hai meri zindagi me prem ki nirantar behne wali shrotasvini.

Apne swargiya maata-pita aur srishti sanchaalak ki aseem satta ke prati saadar nivedit hote hue mai prastut kaavya-sangrah ki bhumika lekhan ke liye hindi saahitya jagat ke pramukh hastaakshar Om Nischal ji ke prati kritagya hu. Aapne apne mahatvapoorn shabdo se kaavya-sangrah ki mahatta ko badhaaya hai.

Mumbai vishwavidyalaya Hindi vibhaag ke pramukh aur saahityakaar, aalochak, vishleshak Dr. Karunashankar ji ka aabhaar jinhone ek vishleshak ki drishti se 'Anek Pal aur Mai' ko parkha aur apne vichaaro ko vyakt kiya. Dr. Ramesh Pokhriyal Nishank (Kendriya Siksha Mantri, Bharat Sarkaar), suprasidhh saahityakaar shraddheya Dr. Yogendra Nath Sharma 'Arun' ji tatha Professor Kamalkishore Goenka ji ke prati abhibhoot hu jinki shubhkaamnaaye mujhe haasil hui hai. Shri Dikshit

Dankauri ji ka aabhaari hu jihone hamesha kaavya-sampaadan kshetra me sahyog kiya hai aur Shri Sachhidanand Mishra ji ka aabhaari hu jinhone prakaashan chayan me sahyog kiya hai.

Kaavya-sangrah ko sajaane-sawaarne aur sanyojit karne ke liye hriday se Rachna Bhagat ji ka aabhaari hu. Saath hee naam lena chaahunga anuja Dr. Shweta Deepti ka jisne kaavya-sangrah ka sampaadan kar isey prakaashan ke padaav tak pahuchaaya hai. Ant me, is ummeed ke saath ki aapka protsaahan avashya milega, apne sabhi shubh-chintako, paathko ke prati kritagyata vyakt karta hu.

Basant

Basant Chaudhary

ANUKRAM

kuch palo ko bikherti

meri kalam

1 Mai

Nahi jaanta mai
ki ye koi uljhan thi
koi asmanjas tha
kisi prakaar ki udhedbun
ya achetan avastha thi
nahi jaanta mai.
Haan! itna zaroor jaanta hu ki
mai vichlit nahi tha
aur yeh bhi ki
pathbhrast to katai nahi tha
kisi avchetan avastha ki peer
mere mashtishk par chhai thi
parantu yeh neend nahi thi.

Isi avchetanaavastha me
khud ko khojta hua
sochta hu ki kya
mai daba hua tha
apne karmo ya apne swaartho ke
ya saansaarikta ke moh tale?
Nahi! nahi!!
shaayad yeh bhi sach nahi
to kya mai aur meri aatma
dab chuke thay,
bhaavnaao ko dafan kar

gyaan ke bhaari bojh tale
gehre kahi bahut gehre?

Ya phir simat chuke thay
ahankaar ki khol me,
saamaajikta ki laaj me,
aur mai band ho gaya tha
us kachhue ki bhaati
jo zara si aahat par
khud ko qaid kar leta hai
apne kathor kavach ke bheetar
shaayad yeh sach tha,
phir aaj guzre waqt ke saath
ye kaisi kashmakash
kyo aaj meri band aankhe
khulna chaah rahi hai
tab, jab thaka aur bojhil waqt
kheench raha hai apni ore
aankhe kai tasveero ko
qaid kiye band ho jaana chaahti hai
aakhir kyo khulna chaahti hai
varsho se band aankhe is waqt??

2

Kitaab

Maine aksar mehsoos kiya hai
ki, mai jab bhi kitaabo ki
duniya me pravesh karta hu,
to khil uthte hai rang-birange
bhaavnaao ke anginat phool
jinme shaamil hote hai
kabhi to sangharsho ke pahaad,
kabhi niraasha ke
athaah aseemit saagar,
kintu yeh adhik samay tak
tikte nahi kyonki,
agle hi kshan
aakar sambhaal leti hai
baadhaao ko paar karne ki
anubhavo ki anant
uttam uktiya unhi panno se.

Kai baar inhi kitaabo ke mude
panno ke beech se
bikhar jaati hai aparimit
yaado ki khushboo,
kitaabo ke beech varsho se dabe
sookhe pushp ki hansi ke saath.

Nikal aati hai sukhad saath ki
kuch parchhaiya aur
batiyaane lagti hai mujhse
saamne laa khada karti hai
ateet ke jharokhe se
kuch khatti-meethi, alhad-si yaade,
suhaawani, manbhaawni.

Jo sama jaana chaahti hai mujhme
aur aahista-aahista mai
upvan, pahaad, sugandh aur
yaado se bhari panktiyo me
roopaantarit ho jaata hu.
Aur phir mai, mai nahi rehta
ban jaata hu ek poori kitaab.

3

Chintan

Aavashyak hai, shaayad
    tan ki shuddhta
    baahar dikhaawe ke liye
    ya phir seedhe-saadhe
    saral-mana logo ko
    bhramit karne ke liye
    ya yu kahu ki,
    kuch hadd tak logo ko
    behlaane ke liye bhi
    kintu sach to yeh hai ki
    yeh lambe samay tak
    na samaaj aur na hee logo ko
    bhramit kar sakti hai
    ek din
    jhooth ka aavaran hat-ta hai.

Kintu! is-se bhi badhkar
    haanikaarak hai, mann ki ashuddhta,
    jo tan-mann sahit hanan kar leti hai
    hamare aachaar-vichaar ko bhi
    aur kunthit kar deti hai
    chetna tatha chintan ki kshamta ko.
    Sweekaar nahi kar paata sach ko
    mann ki ashuddhta
    vikrat kar deti hai buddhi ko bhi.

Kyonki chintan ke liye
mahatvapoorn hai,
shuddh aatmik, saatvik
aur saarvbhaumik manan.
Aavashyak hai,
tan-mann ki shuddhta
aur buddhimata,
taaki kiya jaa sake
chintan! vishuddh chintan!!

4

Avchetna

Chaahe-anchaahe
mere maanas ki smritiya
dhundhli ho rahi hai
kaal mita raha hai nishaan
kaise roku is kaal ki chaal.
Uddand maanta hee nahi koi maanak
belagaam yeh ghamandi mann
kaal ke bandhan se swatantra
swachhand soch ka dhaarak.

Kya manthar padti smritiya
ksheen hoti soch ka hai anuvaad
kya bhor ki nav kirne
andhkaar ka ant karne
ravi ki hai prachaarak?

Prashn to hai
kaal ke bahaav me
jeevan chadhaav me
hriday ki vedna
ashaant chetna
ithlaati
samvardhit avchetna!

5

Saayaas

Kitni paavan
khyaati prem ki
jo sajaati ek utsav
kyaariyo me.
Neh ka, apnatva ka
himaachhaadit chotiyo-sa
sheetal aur
ucch! ek bhavya utsav.

Tumhara aana
milna-milaana
baithna, ithlaana
achaanak chehakna,
khilkhilaana
karna anupam naad bhi
aur phir duje hee pal
odh lena
jheeni chaadar maun ki.

Ek dastoor sa lagne laga hai,
tumhara nazre jhukaakar dekhna.
suniyojit, sunischit
jaanta hu mai,
weh saayaas tha, anaayaas nahi.

6

Hasrate

Kitne pyare
kitne sundar, manbhaawan
wo rishtey
jo saayaas nahi banaaye gaye thay,
anaayaas hee ban gaye thay
dev kripa se
kuch paavan rishtey.

Kuch khwahishe
pal rahi thi dil me
wo bhi reh gai thi adhoori
kintu,
unhe sambhaal kar rakha maine

Jabki
un toote rishto,
adhoori khwahisho ko
jode rakhne ki sabhi sambhaavnaaye
ho chuki thi ksheen

Ab chaahat hai
un sabko bhool jaane ki
nahi! bhoolne ki nahi
unhe dafnaane ki

dil ke ek kone me
jaha sabhi surakshit rahe
mere sangharsh, mere rishtey, meri khwahishe
aur tamaam hasrate.

7

Anubhooti

Kavita ka madhu ras
uska anokha
anupam swaad
jab mujhme samaata hai
ek aloukik
aanand de jaata hai

Andhkaar ka raas ban jaate hai
meri chhand, meri kavita
tripti ka madhumaas lutaate hai
kintu is madhumaas me bhi
meri honth, hriday sookhe hai
mai sahra ka shushk marusthal
yugo-yugo se pyaasa hu,
aur aaj bhi
pyaasa hee hu.
Is pyaase marusthal me
kuch behki-si aur larajti
aantrik vaani
jo tumse guzar kar
tumhe chhookar aati hai
wo de jaati hai
ek anirvachniya
anubhooti aur sukh.

8

Kona

Hamesha zarurat mehsoos hoti hai
har ek makaan me
ek behtar kone ki
ek hee nahi anek kone ki

Aisa bhi nahi ki
makaan me kone nahi hote
hote hai, kyonki usi kone par
tiki hoti hai makaan ki aadhaarshila
unme se hee kuch kone
nirmit kiye jaate hai
kisi sajaawat ki khaatir
to kabhi aagantuk atithi ki
aavbhagat ki khaatir
bawjood iske ek zimmedaar kona
zaroor ho har ek makaan me

Ji haan! zimmedaar!
jo na sajaawat ho
na hee batiyaata ho
ek nistabdh kona
jaha rakha jaa sake puraana
kabaad hee nahi,
jeern-sheern hota boodha shareer bhi.

Jisey har aane waala mehmaan
    nihaare kisi priy dharohar ki tarah!
    aur
    aastha ya anaastha ke
    shraddha-pushp arpit kare
    haath jod kar ya berukhi se
    chupchaap aage badh jaaye
    apne antas me
    khaalipan ka ahsaas liye
    zaroori hai naa ek aisa kona?

9

Swarg-apsara

Godhooli me aksar
jab kshitij ke chhor par
jaha milte hai dharti-aakaash
us godhooli anupam vela me
laut rahi gaayo aur
dhoolkano ke sang
tumhari yaad bhi
swarnim aabha liye aati hai
aur mujhe chhoo jaati hai.
Phir dil-darpan me ek pratima
reh-reh kar ubharti hai
jaise koi swarg ki apsara
jo mere soone mann-mandir me
yaado ke sanchit nidhi-kalsho
ke saath sthaapit hoti hai
aur deept kar jaati hai
mandir ka har kona.

10

Aavaran

Tumhe dekhkar upajti hai
mere bhole-bhaale, nischhal
ya kahu chanchal mann ke
kisi uddand kone me
kuch ajeeb si kaamna

Chaahta hu
antas pipaasa ki shaanti,
atript abhilaasha ki poorti
kshanik aatm-sukh se
aanandit hone ki aas me
phir bhatak jaata hu
apne aap se

Odhta hu ek aavaran
aur dhak leta hu
apne anishchit lakshya,
aur apni kaamna ko.

11

Dhadkan

Meri saanse
machal rahi hai
ulajh rahi hai
mai un uljhi saanso me hee
teri khushboo paa raha hu
aur samet raha hu dil me.

Dekhta hu yaado ke aaine me
tum aaj bhi nahi badli ho
tumhari muskaan,
kadmo ki aahat,
saanso ki asahaj raftaar
jo nirantar
mujhe sparsh karti rehti hai
jinhe mai mehsoos karta hu

Meri dhadkan
aashwast karti hai mujhe
digant me kahi bhi raho tum
prasann hee rahogi.

Mai aankhe band karke bhi
anubhav kar leta hu.
Tumhare sukh-dukh, taap-tapish

kyonki, tum
meri dhadkan me nahi
balki tum
meri dhadkan hee ho.

12

Maun-sampreshan

Bolo, maun kyo ho
khaamoshi ko pare rakhkar
apne antarman ko kholo
bahut kathin hai dhyeya chhupaana,
vyakt karo vyatha nidhi ki.

Kyonki
dil-dariya ke bhaav sahaj hee
nazro ke aangan me aakar
saari baate bata chuke hai
shabdo ne nahi, bhaavo ne
raaz khol diye hai
beshak
palko par hai taala,
kintu
neh-neer beh nikli hai
aankho ki kore se
paavan ganga ban.

Kya ab bhi aavashyakta hai
shabd-jaal ke aadambar ki
ya
kisi anya maadhyam ki?
bas kaafi hai tumhara
maun samarthan!!
avyakt maun-sampreshan!!!

13

Sheetal chaandni

Hey! sharad ki sheetal chaandni
tumhari sheetalta bhi
paush ki gunguni dhoop-si lagti hai
kabhi saghan vriksho ki chhaav
to kabhi sarvar me uthi
natkhat lehar-si lagti hai
lagta hai
tum lalit kalaao me
nipun ho suhaasini
hey mridubhaashini!
teri rasyukt, madhur
vaani se pare
tere nayan
teekshn baano
ki nukeeli dhaar si hai.

Mere mann-mandir me
jab se hua hai tumhara aagaman
bas tumhari hee sugandh basi hai
meri shwaaso me,
aur jhankrit kar rahi hai
mere rom-rom ko
romaanchit ho raha hai
bheegta antarman mera
haan! chamatkrit bhi.

14

Yaad

Bhale hi
    mat aa tu
    baandh le ya chhupa le
    mere sunahle sapne

Tod de saare
    bangale, ataari

Pahuncha de mujhe
    rasaatal me
    ya dubo de
    mere mann ko
    gehre dard ke samandar me
    kar de tukde-tukde
    mere shareer ke, meri chaahat ke

Parantu mai haar
    nahi maanuga
    aur na hee
    bikshuk ki bhaati
    haath failaaunga
    tere saamne
    nam nahi karunga
    mai apni aankhe
    balki dekhunga

unhi bheege nayano se
wo sapna
jaha bhara hai
mere jeevan ka aanand
sun le yaad!
o sunahli, rupahli yaad!!

15

Prakaash-parv

Aaj deepotsav hai
prakaash-parv
andhkaar ke ant ka parv.
Andhkaar!
haan! ghor andhkaar
jisne leel liya hai
saato dweepo ke josh ko
aur aatur hai nigalne ko
samast maanav jaati ko
aatataayi ban Corona.

Kintu
haarna nahi hai is-se
balki haraana hai
sampoorn vishwa se bhagaana hai
is adrishya daanav ko.
Aao
aahvaan kare us prakaash ka
apne-apne gharo me jalaakar
nau nanhe deepo ko.
Bazaar ya chauraahe par nahi.
Prajwalit kare gharo ke bheetar
aur mita de andhkaar ko.

16

Paush ki subah

Paush ki subah
    chaaro ore dhundh,
    ghana kohra
    oas se dhaki doob
    sihraati sheet lehar
    jamta hua aasmaan
    thand ki giraft me
    akda hua... tan-badan

Aise me agar ek jhalak
    jo tumhari mil jaati
    to nas-nas me jama rakt
    pighal kar phir se daudne lagta
    ghane kohre me patto par padi
    oas ke kan bhaap ban jaate
    machal jaata sheet ka preet
    badh jaati saanso ki ooshma
    aur thithurti raat me
    tapt ahsaaso ke beech
    sulagne lagte mann
    sphut se swar
    pukaarte tumhe...ek baar
    sirf ek baar

tum aa jaao naa
dekho!
nasheeli paush
kaise suhaani ho jaati hai.

17

Bitiya

Maat-pita ka jeevan bitiya,
veena ki sargam me bitiya.
Maan pita ka maa ki dhadkan,
ghar ki pukhta chhaavan bitiya.

Tulsi si jyo poojit-paavan hai,
poojan ki saamagri bitiya.
Do-do kul ki laaj nibhaaye,
saat janm tak raani bitiya.

Shakti roopavtaari hai wo
poojit sab dharmo me bitiya.
Uma, rama, seeta, brahmaani,
sarvlok sarvottam bitiya.

Mridu vaani se jag ko bhaati,
tan-mann pyaas bujhaati bitiya.
Jyesth maas saawan ho jaise
yu thandak barsaati bitiya.

Rishtey-naate sabhi jaanti,
pariwaaro ki setu bitiya.
Hanskar vida pita se leti,
sanskaar le maa se bitiya.

18

Dhoop-chhaav

Sukh aur dukh
jeevan me dhoop aur chhaav
ki tarah hee to hai
aate hai aur jaate hai
aur phir chhor jaate hai
hamare maanas-patal par
apne asankhya prabhaav
kabhi dekha hai dhoop ko
kabhi saamne, to kabhi peechhe
kabhi baaye, kabhi daaye
aur kabhi jab
poorn jawaa hoti hai to
hamare sir par naachti hai.
Par chhaav kabhi nahi milti
us tapt rookhi dhoop se
par kaayam rehti hai
uske samaanaantar
usi prakaar jaise
sukh-dukh nahi milte
ek dusre se
par saath hote hai
hamari zindagi ke

Jeevan ki gati yehi hai
aur poornta bhi isi se hai

jeevan ke tatva
dharm, dhairya, saahas aur satkarm
hee aadhaar hai jo haavi rehte hai
dhoop-chhaav ya sukh-dukh par.

19

Maa

Maa!

zindagi ki bhaag-daud me
kis mukaam par aa gaya hu mai
jaha nahi hai kahi bhi mere aaspaas
tumhari komal aawaaz
nahi sun paa raha teri lori ki
madhur swar-lehri.

Maa!

aajkal ho gaya hu mai aatmkendrit
isiliye to ab kabhi sapne me bhi,
nahi dekh paata teri mamta ki chhaav
nahi pee paata
tere jeevan ras ki behti amritdhaar

Maa!

bhujaaye hone lagi hai ab shithil
isiliye bhar nahi paata
baaho me tera ahsaas

Maa!

mere pair bhi ab thakne lage hai
nahi daud paata tatparta se
isiliye yeh pahuncha nahi paate
mujhe teri chhatra-chhaaya tak

Maa!

thakna nahi chaahta hu mai
aaj bhi satat joojh raha hu
jeevan chakra se
kintu har kshan bas sochta hu
paa saku kuch pal sukoon ke
tere aanchal ki chhaaya me
bhool jaau jeevan ke har
tapt teekhe anubhavo ko
maa bas tera aanchal chaahta hu.

20

Baabu ji

Baabu ji!
mai ab roothta nahi hu
kyonki ab mai bada ho gaya hu
bilkul aapki tarah
koshish karta hu banu aap jaisa

Baabu ji!
mujhe megha me dosh nahi dikhte
waise hee jaise aapko
nahi dikhte thay mujh me
aap mujhe
sapne me bhi nahi daant-te,
bas samjhaate hai pehle hee ki tarah.

Baabu ji!
mere kadam hone lage hai shithil
isliye kar nahi paata sharaarate
jaisi aapke saamne karta tha.

Baabu ji!
lekin mai thaka nahi hu,
is duvidha bhare sansaar se
apne haalaat ko dhote hue,
joojhte hue in kathinaaiyo se
kshan bhar ke sukoon ke liye
prateekshaarat hu aapki chhatrachhaaya ka

Baabu ji!

aaj bhi chaahta hu aapse
wahi hausala, wahi sambal
jisne har kadam par
saath diya hai mera
aap yehi to hai kahi
har pal mere aaspaas
kyonki mai mehsoosta hu
bas chetna me sun nahi paata
aapko, haan baabu ji
aap hai mujhme kyonki
aapki hee pratichchhaaya hu mai.

21

Aangan ka wo darakht

Aangan me khada wo darakht
chupchaap khaamoshi se khada
na jaane kitne mausam dekhe hai
baisaakh-jeth ki tapti dhoop dekhi hai,
aashaadh saawan ki baarish bhi
faagun ki rookhi hawa ke thapede aur
shaakho se vilag hote patto ka dukh bhi
par in sabke beech isey
hamesha intezaar raha hai
patjhar ke baad aane waale basant ka
yeh adig raha apni jami ko
mazbooti se thaame hue
is yakeen ke saath ki
shaakhaaye fir hari hongi
nayi kople tahaniyo par
phir ithlaaengi aur
ek baar phir, darakht ki kismat
badal jaayegi
muskura uthegi uski duniya.

22

Bheetar kitne chhupe aadmi

Bheetar kitne chhupe aadmi
kar de aaj hisaab aadmi.
Andhkaar ki kaat bediya,
ban baitha mahtaab aadmi.

Girte-padte, upar chadhte,
everest ka bana vijeta.
Pragati ke nav sopaano me,
devo ki jyo bana praneta.
Lekin jitna aagey badhta,
gira, utha naayaab aadmi.
Bheetar kitne chhupe aadmi,
kar de aaj hisaab aadmi.

Sab kuch paakar vidambna hai,
maanav kab maanav ban paaya,
bheedtantra ke jag me khoya,
maun swayam khud me uljhaaya.
Nidar khada pal pralayankaari,
kolaahal me khwaab aadmi.
Bheetar kitne chhupe aadmi,
kar de aaj hisaab aadmi.

Thaka nahi tu, ruka nahi hai,
badhta raha anvarat path par.
Saamraajya jag me faila kar,
sada raha kab ucchh shikhar par.
Kabhi rasaatal, daldal dooba,
iska kaun jawaab aadmi.
Bheetar kitne chhupe aadmi,
kar de aaj hisaab aadmi.

23

Mera ghar

Avichal khada hua
mera ghar
apni sneh bhar
nazre jamaaye rehta hai wo
har aane-jaane waalo par
chaahe weh koi ghar ka ho
ya ho mehmaan ya koi ajnabi
majaal nigraani me
koi kotaahi ho jaaye.

Waise hee sajag hai mera ghar
jaise koi pariwaar ka vayovriddh
pitaji ya dadaji se bhi jyada sajag
haan! maa ki alag baat hai,
maa jagti rehti hai sabke laut aane tak
kintu weh bhi aashwasht ho kar
kuch sustaane lag jaati hai

Kintu nahi sota kabhi mera ghar
baat dekhta hai aaj bhi
ghar ke har sadasya ki
meri bhi raah tak raha hai
aur ek mai, jo usay bhool baitha hu
shaayad

nahi! yaad hai kuch dhundhli si
kyonki mai bahut chhota tha
us-se bichharte samay

Ab jarjar ho gaya hai mera ghar
bhoola-bisra ya toot-ta ghar
meri hee nahi sabhi parijano ki
yaado ko sanjoye khada
baat johta
khandahar banta hamara pyara ghar.

24

Kyo?

Sambodhan!

haan, haan! sambodhan!!
har kisi ki vishisht pehchaan
ke liye bana shabd hee
kehlaata hai sambodhan
hota hai sabhi purusho ke liye
aur naariyo ke liye bhi!
ek sthaayi ya asthaayi pehchaan
sthir ya badalti hui pehchaan
praayah purush ki rehti hai sthir
kintu badalti rehti hai naari ki
kabhi beti, kabhi bahin
kabhi kisi pariwaar ki bahu,
kabhi pati ki patni,
kabhi baccho ki maa, daadi-naani
aur bhi bahut se rishtey
sab ke sab asthir sambodhan
naari ke liye!
aur ant me weh
swayam bhi bhool jaati hai
swayam ka naam
weh jo mila tha kabhi
maat-pita se
kyo?

25

Astitva ya aatma

Mera 'mai' hona
    bas tum hee to ho,
    priy! vinti hai
    mera weh 'mai' lauta do!
    sarvottam se dhaamp nagnta,
    aatm aur astitva,
    saja do!!

Tumhara mujh me bas jaane se,
    duniya hai aabaad samajh lo!
    behke ya moorchhit se nabh ko
    saja-dhaja brahmaand samajh lo!!
    bhar aanchal me anginat taare
    gahan neend se mujhe jaga do!!

Mujh bin tum bhi poorn kaha ho,
    iska kuch aabhaas hua kya!
    apna samyak mujhe saump kar,
    tujhko mridu ahsaas hua kya!!
    tum mera saccha poorak ban,
    jag ko ek sandesh naya do!!

26

Suvaasini

Hey suvaasini!

anaayaas ya apratyaashit nahi hai
yeh tumhare hontho par
chanchal aur bikhri hui madhur muskaan
balki pratibimb hai
meri palko se nikle
apnepan ka
apnatva ka
apnatva ka madhur gaan
priy aao!
hum aur tum milkar kare
ek dusre ke liye aaraadhna
bhool jaaye apne astitva ki
alag pehchaan ko
rakh le apne pavitra prem ki
aastha ke vishwaas ko
aur rang daale
hamari paavan aakaankshaao ki
rang bhari tulika se
sampoorn vasundhara ka paridhaan.

27

Pyaas

Saras saawani vaat behti
    kaano me kuch keh jaati hai
    antarman ki peeda ko weh
    nav aayaam thama jaati hai
    bheega-bheega tan varsha me
    jeth maas ki tapan dikhaaye

Dhara odh hariyaali naache
    virhan ki vichlan ko baanche
    varsha ki sheetal fuhaare
    man me dugni agan lagaaye
    reh-reh kar purwaiya bairan
    punah milan ki peer jagaaye

Ab faagun me preet adhoori
    saraabor hone waali hai
    janmo se jis khaatir tadpe
    weh poori hone waali hai
    peer puraatan bujh jaayegi
    phir bhi
    tan ki pyaas sawaali.

28

Prem ka sandesh

Bhejta hu aye premi!
prem ka sandesh tumko
kar kripa apna hee lena.

Tum rahe khwaabo me hardam
aur dil ke paas bhi hai
veethiya anjaan hai sab
par kadam sab jaante hai
jab mile khulkar hanse
bhool kar saare gile
reh gayi baahe bilakhti

Par kavitt me tum rahe nit
bol kaise bhool jaau
chaah to ab bhi prabal hai
khel adbhut rach na dena
jaankar bisra na dena
aatm santushti sada hee
de rahi ab bhi dilaasa
hoga milan bas dhairya rakhna
chaah ko mat chhor dena
prem ko mat bhool jaana.

29

Kya tumhe pata hai

Tumhe pata hai?
Jab tum nahi hoti!
tumhare bina,
mai
registaan-sa ho jaata hu!
andar baahar
sunsaan
veeraan
biyaabaan-sa ho jaata hu!!

Tumhe pata hai?
Jab tum nahi hoti!
tumhare bina,
phool, kaliya, nazaare
chaand, sooraj aur sitaare
kitne bemaani lagte hai?
Ujaale dhundhla jaate hai
armaan murjha jaate hai
din guzarta nahi
shaam dhalti nahi
laakh kaatne par bhi,
raat ki syaah chaadar kat-ti nahi!

Tumhe pata hai?
Jab tum nahi hoti!

tumhare bina,
soonepan se ghira
veeraane me,
akela khada
dhoop me jalte hue,
darakht jaisa ho jaata hu!
dhua-dhua sa,
raasta dekhte-dekhte,
pathraai ankho se,
tumhe dhoondhte-dhoondhte
khud na jaane kaha kho jaata hu!

Tumhe pata hai?
Jab tum nahi hoti!
aur achaanak
bhoola-bhatka,
hawa ka koi khushgawaar jhoka
tumhare hone ka,
ahsaas dila deta hai
ummeede jaga deta hai
to mera dewaanapan,
andhere dil ke,
goshe-goshe me,
chaahto ke charaag jala deta hai!

Tumhe pata hai?

Jab tum nahi hoti!
tumhare bina,
tumhare hone ka,
yeh ahsaas
mere saare vajood me
mohabbat ke phool khila deta hai
tumhe paane ka shauk badha deta hai
tumhare bina,
akela adhoora hu
phir bhi,
priy!
tum meri ho
is yakeen ki wajah se
zinda hu!

30

Basant ke rishtey

Anupam aabha liye kislay
    harit kraanti ke samvaahak
    vriksho ki shaakhe
    adbhut shringaar kiye hue
    khil rahi hai kaliya
    phoolo se lade paudhe itra rahe hai
    jaise madpaan kiye hue ho

Bagiya me ashok vriksho ki kataar
    adwitiya roop liye hue
    jaha sancharit ho rahe hai
    prem preeti tatha pyar ke
    naitikta se saraabor bandhan
    ya basant ke rishtey.

31

Prem-prateeksha

Behakta prem-prateeksha saaz
taak raha hu apalak tujhko,
bhavya naval rituraaj.

Bhaav-bhoomi hai milan surakshit,
bichuran bhay ka bhaan nahi.
Dagmag karti naav nadi me,
vyaakul nazre dekh rahi.
Behka vriksh basanti dhun me,
tyaag reeti-riwaaz
behakta prem-prateeksha saaz.

Surya ast ho jaane par bhi,
chumban dhoop abhi bhi baaki
umad raha mere seene se,
ashru-dhaar palko me paaki.
Chanchal, chor, tapan milne ko,
chhupa na paayi raaz
behakta prem-prateeksha saaz.

Muskaano ki angdaai me,
mast chhavi uphaas kare.
Ras ke lobhi bhramar deewaane,
phool kali sang raas kare.
Baah paash me bandhkar priyajan,

bhoole lok lihaaz
behakta prem-prateeksha saaz.

Tum kya jaano virah vedna,
    jalan dhoop ki hariyaali.
    Jab-jab mai khoya hu tujh me,
    behak gayi maadak daali.
    Hinsak ban matwaala faagun,
    jhapte jaise baaz.
    Behakta prem-prateeksha saaz.

32

Kaal bana sookshm Corona

Rath ke pahiye tham gaye
jo jaha hai, wahi ruk jaaye
munaadi karwa di gayi hai
chhup jaao apne gharo me

Aa gaya hai maanavta ko nigalne
nikal pada hai rakt beez
sabhi gaav-gali, kasbe-nagar
saavdhaan ho jaaye

Nahi chhorne waala,
aatur hai nigal jaane ko
bhoolo ramna holi vrindaavan ki
bhool jaao dharm-jati ko
desh-videsh ko, apne-paraaye ko.
Ek adrishya sookshmjeev
paav pasaar chuka hai sansaar me

Yeh kaisa virus aaya hai
jo nishank badhta jaa raha hai
laangh raha hai parvat, nadiya, saagar
koi hai saksham jo rok sake
ya koi hai sarhad
jo maange is-se visa
aur mana kar de pravesh
is adrishya daanav ka!

Arey o! pashu-pakshiyo ke hanta,
bhakshan karta maanav!
aaj ye sab
swachhand vichran kar rahe hai
bina visa aur passport ke
aur tu?
Dubka pada hai apne darbo me
shwaas lene ke liye bhi
maask roopi visa chaahiye.
Aur weh bhi maanya hai
bas tere ghar me hee
nahi jaa sakta galiyo me,
sadko par maask ka sahaara lekar bhi
kyonki, baahar hai lockdown
kyo bhaygrast hai
anjaan sookshmjeev se

Hatyaare manushya tune
bahut chatkhaare liye hai
jaanwaro ka, pakshiyo ka bhakshan karke
ab kyo bhaaya hai shaakaahaar?
Aakrsh hai yeh
nireeh jeevo ka, prakriti ka
tere kukrityo ke liye.

Ujad na jaaye yeh
hari-bhari vasundhara
mat bana dena isey
paaliwaalo ki kuldhara.

Kyonki koi nahi bacha paayega
is sookshmjeev ke
attahaas se bhavya sansaar ko
ab bachega kewal
dheere-dheere mand padta hua roodan
ban jaa yugdrishta
samajh jaa, sambhal jaa
kahi sookshmjeev
ban naa jaaye dynasore
aur tu ho jaaye
beete kal ki baat!!

33

Samvednaaye

Kateeli jhaadiyo me
ugay nukeele kaanto ke
jaane ya anjaane chhuan se
rista dard
chakmak pattharo ki ragad se
dhool-dhusrit raaho me
lagi aag se
jalta dard
pairo me chubhte
raah pade kankado se
upja dard
inse hee aksar
janm leti hai ya panapti hai
samvednaaye.
Kabhi kabhi baadlo ki
gargaraahat se
pyaase khet ki banjar mitti se
hawaao ki badalti dishaao se
sukh-dukh me doobti-tairti
kisaano ki aasha bhari nigaaho se
phir-phir janm leti hai
samvednaaye.
Aur kabhi bhookh se bilbilaate
bachpan ko jab mil jaata hai
maa ka vaatsalya bhara aanchal

aankho me sajte hai jab
bhavishya ke sunahre sapne
tab samvednaao ki jagah
jaagrat hoti hai
bhavishya ke liye
aseemit sambhaavnaaye!!

34

Bachpan

Nirmal, nischhal
paak pavitra
apne paraaye ke bhaavo se
rahit sahaj sukh se
saraabor bachpan

Hansi-khushi ka khazaana
bhoolkaal ki peedaaye aur
bhavishya ki aashankaao
se anbhigya, mukt
pyaara sa bachpan
dhool, dhusrit tapasvi
khet ki yagyashaala me
sankalpit kisaan
dhoondhta apna khoya hua
abhaavgrast bachpan
abhishaap hai bada hona
aur bada dikhne ki laalsa
nahi suhaata, nahi jachta
na hee pacha sakta hai
is patthar jaise bhaav ko
ek abodh bachpan
bahuto ke bheetar
basta hai aur
akadta bhi hai

kintu khalta hai
banaavati, dikhaavati
bhaari-bharkam angadh
udaaseen, akela
tadapta bachpan.

35

Bheetar sannaata

Nagaro ki veethiyo se
gaav ki pagdandiyo se
kuch kho gaya sa lagta hai
kuch nahi balki
bahut kuch khoya sa hai
par kya aur kyo
kya kuch sapne
jo saje rehte thay
har chauraahe par, nukkad par
jo aaj chuppi ki
chaadar tale dhake pade
kulbula rahe hai
kolaahal karaah raha hai
par kyo?
Ajeeb
kintu satya, sau pratishat
yaha-waha
jaha tak pahunch rahi hai
nazar, soch
vichaaro ka aadaan-pradaan
sabhi ho gaye hai shoonya
par kyo?
Arey! parchhai bhi
kaha chhip gai hai
jo hamesha rehti thi mere saath.

Naa to kuch dikhaai de raha hai
aur naa hee kuch
samajh me aa raha hai
ghutan hai, ghabraahat hai

Saara vaataavaran hee ho gaya hai
bojhil par kyo?
Yatra-tatra ya kahu sarvatra hee
bana hua hai ek ghera
waise hee jaise surya grahan ke samay
ban jaata hai valyaakaar ghera.
Nahi! nahi!!
bikhra hua hai kan-kan me

Har ghar aangan me
nahi! kadaapi nahi!!
aaj to faila hua hai
sannaata!
parivesh me hee nahi!
hriday me bhi pasra hua hai
bheetar tak sannaata

36

Kalam

Ruk-ruk ke chal,
sambhal-sambhalkar chal
bhale behak kar chal
machal kar bhi chal
kintu
chalti rehna
bina thake,
bina ruke, chal! chal!!
kya gazab ka mukaam aaya hai
jo mazboor kar raha hai
phir bhi chalne ko
apne paraayo ko parakhne ko.

Saath kaun hai aaj?
kadam se kadam milaakar
agli manzil ko paane ke liye
kahe chal! chal!!
thodi der thahar jaa usay peeda naa ho
teri nok ke neeche pristh ko
jis par ankit mere apno ke naam
nahi! nahi!
par ruk mat chal!
jaanta hu, tu nahi hai
kisi maanav maatra ke bas me
kisi kaal khand ke,

kisi raajneeti ke,
tu nirbaadh roop se chalti rahi hai
likhti rahi hai kaal ke kapaal par
saamaajik, raajneetik aur
saamyik vivechana
waah! waah!!
nirbheek kalam
tu chal! chal!! chal!!!

37

Jharna

Nirjhar, nirmal
kalkal karta
pahaad ki teevra dhalaan par
bikherta poori tanmayta se
jal-ninaad
ped-paudho ka jeevan-aadhaar
srijankarta hariyaali ka
vanya jeevo ki
pyaas bujhaata
anthak path par badhta jaata
ek maseeha nirvivaad.

Patthar, kankad
kaantedaar jhaadiya, jungle
sabko sinchit karta jaata
bhed bhaav bin aviral behta
bina kisi samvida samvaad
punya-paripath par,
ubad-khaabad,
tedhi-medhi pahaadiyo par
aviral,
aagey badhta jaata
Jharna

Prakriti ko sinchit karta,
tript karta
nikal jaata hai
anjaane gantavya ki ore
bina prativaad.

38

Aasakti

Weh hai

pinjara hai
pankh bhi hai
jo phadphadaate bhi hai
par usne aajmaaya nahi hai
khud ko aasmaan me
udaan ke liye bahut lambe samay se
shaayad!
bhool gaya hai weh
swachhand nabh me
vichran ki ruchi ko
bhula baitha hai udne ke
kaushal ko bhi
ek anjaane bhay se
ban gaya hai uska ek naya sansaar

Nabh se itar

us pinjare me hee
qaid ho gayi hai sambhaavnaaye
jaane kab se
qaid hai ya azaad
aur kya hota hai
azaadi ka swaad
alag
pinjare ki pehchaan se

khula hai darwaaza
pinjare ka ya band hai
kya fark padta hai ab
kyonki
usay bhaa gaya hai pinjara
ya pankho ne kho di hai
udaan bharne ki
kala ya,
raas aa gayi hai
pinjare ki bandhishe
ya
sweekaar kar liya hai
usne jhoothi aasakti ko.

39

Shaashwat prem

Chhoo lena utkarsh sahaj hee,
tha kitna paavan uttam
anjaani raaho par paaya,
shaashwat prem milan sangam
jaadumay uplabdhi phir bhi,
preet rahi hardam pyaasi
ek aloukik jag tha apna
thay jisme kewal hum tum
ek dooje se bahut door par,
shwaas gati behki jaaye
saamaajikta khadi dwaar par,
moodh mati mann muskaaye
pehan laaj ka chhadm mukhauta,
mujhe chidhaane ko tatpar
maarak mantra tumhara aisa,
jati-sati naa bach paaye
swarg par ya paavan ganga,
tu mujhko nit lalchaaye
teri alhadta, athkheli,
mera tan-mann harsaaye
bhool saka naa, bhool sakunga,
geeto ki saanjhi sargam
raahe ek aapki meri,
nirmal jeevan dhan paaye.

40

Jeevan-chakra

Pahaado ke aagosh me
khota wo tapta sooraj
sama jaata hai
apni tapish ko chhor
uski uchaaiyo ke peeche
kahi gehri nisheeth me
bata jaata hai har shaam
hame jeevan jeene ka saar
komal madhumaas ka
sanchit jeevan ras
godhooli ke aane tak
khatm hone lagta hai
aur phir rago me daudta
tapt lahu yu hee ek din
thanda pad jaata hai
samay ka naya chakra
ek naye libaas ke saath
hame koi nayi duniya baksh deta hai
yehi to hai jeevan-chakra.

41

Tumhe dekha hai

Varsho baad tumhe dekha hai
nahi, bhool ho gayi
shaayad sadiyo baad dekha hai
tan-mann kampit, jagi umange
bheetar se aawaaz uthi hai
pehle se tum bhali lagi ho
varsho baad tumhe dekha hai.

Adharo par muskaan khelti
wahi apni-si, bholi-bhaali
jaise koi kusum-kali ho
abhi-abhi khilkar nikhri ho
saji-dhaji udti titli ho
haan! punashch tumhe dekha hai
varsho baad tumhe dekha hai

Roop rang ki chhata niraali
nikhri, sanwari aur sunahli
aankho ko yeh chhavi bhaa gayi
ulajh gayi hai saanse meri
manmohak tumhari soorat me
gum ho baithi sudh-budh meri
phir se aaj tumhe dekha hai
varsho baad tumhe dekha hai.

Nakh-shikh tak ye yauvan tera
tan-mann ko aalhaadit karta
dhali pyar me kaanti tumhari
jag-mag saare jag ko karti
yeh ghaayal panchhi mann mera
ud jaane par adaa hua hai
jab se meet tumhe dekha hai
varsho baad tumhe dekha hai

42

Kaise racha hai

Kis lok ke srashta ne
ki hai yeh adwiteeya srijana
kisne aur kyo racha hai
tumhara adbhut roop anupam

Kandraao ke kisi ekaant me
kaun tha wo guni shilpi
jiski kalpanaao ki
tulika se nikal kar
nikhra yeh swaroop manoram

Kaun tha weh kala paarkhi
jisne sangmarmari kaaya dekar
praano ka sanchaar kar diya
aur rakh diya pyar se bhara
ek anokha hriday apratim

Kitna sukh paaya hoga
us bhatti ne tumhe tapaakar
aur saump diya kushal haatho me
uski kala ka hee pratiphal hai
tumhara ye saundarya vihangam

Roop laavanya ki chakaachaundh se
vichlit hua hoga avani nabh
dekh kar swayam apni srijana ko
vismit ho gaya hoga pratibhav
dekh tumhara yeh saundarya nirupam.

43

Aisa kyo hai

Milne aana aur lajaana
aur phir chup-chup rehna
kabhi ektak takte rehna
aur phir nazro ka jhukaana
honth sile, sharmaai nazre
behki si saanso ki sargam
nishabd hua hai mann ka aangan
samjhaao naa!
aisa kyo hai?

Sarak gaya jab sir se pallu
natkhat jhoka mast pawan ka
khel raha bikhri alko se
mera mann bhi ulajh gaya hai
teri un alhad kaakul me
yug-yug se mann ki abhilaasha
is ek pal ko jee lene me
suljhaao naa!
aisa kyo hai?

Tirchhi nazre, jhuki jhuki si
pal me kitni richa gadh gayi
baanch raha hu dil ki paati
palko se chhalki rasdhaara

kewal ek anjuri bhar hee
mann karta hai pee jaane ko
batlaao naa!
aisa kyo hai?

Nazro-se-nazro ki baate
bebas dil jaane to kaise
pravaat sugandhit kar jaate hai
madhur geet, sangeet niraale
doob raha hai tan-mann mera
saagar se gehre nayano me
ye preet sani uljhan hai kaisi
samjhaao naa!
aisa kyo hai?

44

Bhool jaau

Kya yeh sambhav hai?
mai swayam hee bhula du
adwiteeya ahsaaso ke
amulya khazaane ko
lut jaane du.
Pratham preet ki naazuk dor ko
toot jaane du aur
bhool jaau?

Asambhav hai bhoolna
milan ki wo bhaavuk ghadiya
dil me uthte prem-jwaar ko
madhur milan ke us pal ko
jab tum simat gayi thi
mere hriday ke prempaash me
ukhad padi thi hamari saanse
bataao kaise sambhav hai
bhool jaau?

Nishabd hota tha samvaad hamara
ninirmesh dekhna ek dooje ko
sadiya simat jaati thi ek pal me
wo pal jo kewal apna tha
tum hee kaho naa

un swarnim palo ko kya sambhav hai
bhool jaau?

Yehi to apne jeevan ki
anmol aur sanchit nidhi hai
kaise bikhar jaane du,
aur khol du mann ke aangan ko
nahi! nahi!!
yeh saajha ateet hamara
sirf aur sirf hamara hai
asambhav hee nahi hai,
asweekaarya hai mujhe
ki mai
bhool jaau!!

45

Aa jaaya kar

Kabhi-kabhi to aa jaaya kar
bhole bachpan,
pyaare aur salone bachpan
maa-baapu, didi ka bachpan
alhad, chanchal, natkhat bachpan
kabhi kabhi to aa jaaya kar

Kab aaya, kab chala gaya tu
aa phir se hum naache gaaye,
bina kaam hum daud lagaaye
aa jaa phir fislenge bachpan
kabhi kabhi to aa jaaya kar.

Ban gaya hai ek yuvak bhi
prem deewaana ya mastaana
school, college masti ke din
aawaara, yaayaawar jeevan
lakshyaheen kshan prem-preet ke,
chhup-chhup gupchup milna-julna
naval preet ka jwaar jagaakar
pratham prem ke kislay bachpan
kabhi kabhi to aa jaaya kar.

Aajaa jaldi, bhoole priywar
phir milwa de ya dikhla de

bagiya ki jhaadi me dubke
naval neh ke wo naazuk pal
kavit kosh ke ujjwal bachpan
kabhi kabhi to aa jaaya kar.

Yugal geet-gaayan ki ghadiya
phoolo par mandraati kaliya
bhawaro se batiyaati titliya
tera ghar wo teri galiya
paavan, paak parimal bachpan
kabhi kabhi to aa jaaya kar.

46

Jhaank zara apne bheetar

Jhaank zara ab jhaank zara
bahut bhatak liye duniya me
rishto me, naato me,
bahut ulajh liye bandhano me
ab mat behko apno me, paraayo me
khoj lo apne aapko andar
ab jhaank zara apne bheetar.

Kya paaya, kya srijan kiya
sun lo pukaar apne andar ki
kya kiya aaj tak khud ke liye
aur nahi, to kyo nahi kiya
hai koi jawaab "kuch nahi" ke itar
ab jhaank zara apne bheetar.

Pehchaan nahi paaya ab tak khud ko
bhool jaa is matlabi jag ko
ab baari hai teri apni
khel le nij jeevan ki anupam paari
kar de samarpan khud ka khud ko
nisandeh tript ho jaayega antar
ab jhaank zara apne bheetar.

Jaag jaa, chet jaa, samay rehte
swayam se takraar kar, swayam se hee pyar
adbhut niji sundar vaartaalaap
sambhalkar par bheetar utar
ab jhaank zara apne bheetar.

47

Sanyog

Soochta hu aksar
kaise ho gaye hum door
khud se hee poochta hu
humne to kiye thay
vaade sau janmo ke
kaise saath chhoot gaya
tum jitni door ho
bhool bhi jaaogi
par mai to
tumhe dekhta hu
aaj bhi mere kareeb
mann se hum ekaakaar hai
aur hamesha rahenge
bichharna to shaayad
ek honi thi
ya kahu koi
sanyog

Sanyog!
bikhar gayi
tumhare hontho par anaayaas hee
ek madhur muskaan
jisne cheer diya mujhe
kahi bheetar tak

kintu
jab-jab bhi tum milogi
apne aap se ekaant me
baras padegi ashru-dhaara
moti bankar
muskaan aur ashru-dhaara
hai naa apratim
sanyog
kabhi ek thay hamare sukh-dukh
meri chot aur tumhari tadap
tumhara hansna mujhe sukh dena
hamari samvedna ek thi
ek saajhi bhaawna
behti thi hamare beech
aakhir kyo?
Hamara milan bhi tha
maatra ek adwiteeya
sanyog!!!

48

Tujh me

Badh raha hu
niyati dwaara nirdhaarit disha me
jungle, pahaad, biyaabaan
ubad-khaabad, pathreeli raaho par
badha jaa raha hu
bina ruke, bina thake
nirantar apne lakshya ki ore
adbhut gandh ki ore.

Kal-kal karte jharno ka ninaad
kinaaro se takraati
vegvati nadiya ki dhaar
aakarshit karti pushpo ki vaadiya
aur
un par mandraate titli aur
bhramaro ka sammohak gunjan
par nahi hai yaha weh
jiski hai mujhe chaah
bheeni-bheeni mugdh
kar dene waali sugandh

Chaah nahi hai mujhe
chamatkaari prakaash ki,
ya kisi ke maargdarshan ki,
rok nahi paa raha hai mujhe

pahare par faila andhkaar bhi
mujhe gyaat hai, pehchaan bhi hai
us aatmiya apratim saundarya ki

Aur
antatah paa leta hu mai
us behad niji
avyakt ahsaas ki anubhooti ko
haan! haan!!
us jeevandaayini
shwaaso me mehakati
aalhaadit kar dene waali
aalingan gandh ya sugandh ko
aur kho jaata hai mera tan-mann
kahi mere ateer me
ya tujh me!!

49

Vilay

Praatahkaal

surya ki pehli rashmi
apni kamalta ko tyaag kar
aakar baith gayi
kathor himkhand ke bhaal par
apni ooshma ke yog se
shanai shanai karne lagi prahaar
aur
chatakhne lagi
rajat ki jyo chamakti
chakaachaundh kar dene waali
behne ko tatpar
prastar se bane jal-kan
apne premi ke aagosh me
sama jaane ke liye
ek anjaan path par
haan! isi prakaar
nishchit nahi hota
prem ka path ya gantavya bhi
yu hee aksar mera mann bhi
chalaaymaan ho jaata hai
aur vicharne lagta hai
jal kano ke saath-saath

Khojne nikal jaata hu unhe
jo kisi anjaani raah me kho gaye
nahi! nahi!
shaayad mai nikal padta hu
mere apne dil me pal rahe
paavan prem ko ekaakaar
karaane tere bheetar beh rahi
prem paavni gangdhaar se
karne saakshaatkaar
anokha hai, adwiteeya hai
tera-mera pehla shaashwat milan
jaise jalkano ka vilay ho raha hai
saagar ki athaah gehraai me.

50

Mai aur meri aatma

Mai aur meri aatma
ulajh rahe hai
ek dusre se
suljhaane ke liye
hamare matbhed
jo pareshaan kar rahe hai
mujhe adhik aur
kuch hadd tak
aatma ko

Kintu
aatma ko kasht ya pareshaani
kaise ho sakti hai?
Weh to ajar hai amar hai
aur
janm-maran se pare
phir usay dvandh kaisa
aur kasht bhi kaisa?
Avinaashi aatma ko
hum daud rahe hai
weh mujhse aagey
jaa rahi hai
ya mai us-se aagey
samajh se pare hai

par
jab mai asahaj hota hu
to weh moong dalne lagti hai
mere seene par aur
jab mai sahaj hota hu to
saamp lotne lagte hai
uske seene par

Shaayad
yeh dvandh le jaa raha hai
mujhe shoonya ki ore
par
us nirlipt aatma ko nahi.

51

Naari ka aanchal

Naari nahi hoti kewal
mamta ki ek nadi
uska vistrat aanchal
samete hue hai
mahaasaagar ka athaah jal
ufanati, lalkaarati
unmatt lehre
jo sama jaati hai usi me
kyonki
uska antarman bhara hai
sheetalta se

Weh pukaarti
un tadapti machhliyo ko
jo chhoot jaati hai tatbandh par
swayam ke ank me
sama lene ke liye
phir se.

Purwaai aur andhad dono ki
sangamsthali hai naari
aansu bahaati hai dukh me
aur sukh me bhi
ashru-dhaar muskuraane lagti hai

uske gaalo par
sparsh se.

Paavan ho jaate hai aansu
uski aankho ke saagar me
dubki lagaakar
uski neh ki
pavitrata se.

52

Preet ka naad

Pighalata himkhand
saghan se taral hokar
behta hai apne poore weg se
pathreeli chattaano ko kaat-ta hua
ek nadi ka roop lekar.

Aur phir weh parinat nadi
tedhi-medhi anjaani raaho par
nirantar behti hai
nahi pata usay
apne anjaam aur praarabdh ka
nahi jaanti weh kisi
marusthal ki tapt ret me
bikhar jaayegi ya
bhaap bana dega usay
tapta hua sooraj
ya kisi din behti hui
pahunch jaayegi kisi
seepee ke mukh me

Aur badal jaayega uska swaroop
ek baar phir taralta se saghan me
thos roop dhaaran kar
ban jaayegi chamakta moti

saj jaayegi kisi ke gale me
mohak haar bankar

Nahi vichaarti wo
aaj aur kal ko
wo behti hai nirantar
ped, pahaado ka aseem pyar
kinaaro se neh ka aalingan
nadi ke paato ka apnatva
sab bhulaakar, bisra kar
badhti hee jaati hai,
bina ruke, bina thake
nisprah, nissankoch
pagli bani dhaar

Pathaar se gale milti kuch
dheemi padi thi gati bhi
jhaadiyo me bhatki bhi
kintu badhti hee rahi

Anvarat, avichlit
usi ore jaha dev ne
tay kar diya tha uska gantavya
khada tha jaha baahe pasaare,

apne aap me sama lene ke liye
aatmsaat kar lene ke liye
uske preet ke anhad naad ko
apna banaane ke liye priy saagar
sada-sarvada ke liye.

53

Awaara baadal

Umad-ghumad lehraata jaau
    prithak-prithak ya ek saath hee
    mai unche nabh me gehraau

Athak door tak mai lehraau
    kshitiz paar, saagar se upar
    thaar marusthal ya sahra me
    mahaadweepo ki seemaye bhi
    baandh na paaye, sab bebas ho
    bhu-mandal ke sakal patal par
    bebaaki se mai mandraau
    umad-ghumad lehraata jaau

    Mujh se hee hai yeh hariyaali
    ghir-ghir aata hu dharti par
    banjarpan ka bhaav bhagaakar
    karu urvara pyaas bhujha kar
    sookshm taral paani kehlaau
    umad-ghumad lehraata jaau

Jab chaahu sooraj ko dhaampu
    chaand sitaaro ko chhupa lu
    dooje pal azaadi de du
    aur ank me chamak daamini
    ghor garjana naad bhayankar

saara jag jagmag kar jaau
umad-ghumad lehraata jaau

Aasmaan me vichran karta
jan-jeevan ka mai poshak hu
haan! mai!
aawaara baadal hu
umad-ghumad lehraata jaau.

54

Mila karo naa

Mila karo naa!
kuch lamho ki daulat lekar
apnepan ki baah pasaare
chhor kar roodhivaad
navyug ka aagaaz karenge,
mila karo naa!

Jeevan ka sangeet sunaati
kal-kal behti nadi kinaare
makhmal jaisi hari doob par
daud lagaaye, mann behlaaye,
kabhi baith kar, kabhi letkar
dhaara ka mridu gaan sunenge,
mila karo naa!!

Kahi kisi taruvar ke peechhe
jisme apna prem kuwaara
aalinganbaddh ho jaata tha
bhool jagat ke sab niyamo ko
dono manmaani karte thay
aankh band kar, bin vaani hee
dravit dilo ke bhaav bahenge
mila karo naa!!

Vaataavaran sugandhit karti
jaha khili hai komal kaliya

tan-mann ko khushiyo se bharti
aamantran ke patra thaam kar
us sundar bagiya ke andar
raag basanti suna rahi hai
hum kuch pal sun-ne baithenge
mila karo naa!!

Baar-baar mujhko tadpaata
weh puraana vaada tera
yaad yakeenan tujhko hoga
bhula na dena, pachhtaaoge
sir apni god me lekar
mere baalo se khelogi
jag ki sab duvidha bhoolenge
mila karo naa!!

55

Prakriti

Dhoop ke na hote paav
    phir bhi dabe paav aati hai
    bin paayal ke chhamchham karti
    pehle chhat par, phir munder par
    dheere-dheere aangan me bhi
    aur bikher deti hai
    apni kirno ka jaadu
    raat hone tak

Raat ke na tan hota hai
    aur na hoti hai uski khushboo
    kintu phir bhi mehak uthti hai dishaaye
    bheeni-bheeni gamakti raatraani se

Malyaanil ki hawa behti hai
    poore weg se, poori raat

Bhor seep to nahi hai
    phir bhi bikher deti hai
    hari-hari ghaas ki nok par
    asankhya moti, manke

Kaun hai jo
    saja deta dhoop ke paavo me paayal
    raat ko deta hai sugandhit tan

aur doob ko bana deta hai
motiyo ka khazaana
adbhut aur bemisaal hai!!

Ye prakriti ka hee to kamaal hai
jo adrishya hai,
yatra-tatra hee nahi,
sarv-vyaapi hai, sarvatra hai
prakriti!

56

Manzil

Shabd ek
    abhipraay apne-apne
    bhakt ki abhilaasha
    mile usay uska eesht
    weh laga rehta hai satat
    ek hee disha me,
    apne bhaavo ki gathari baandhe
    saansaarik sukho ko
    deta nahi mahatva.

Isi prakaar
    kisi ko moh sataata,
    ya lubhaata rehta hai
    raajneeti-satta ka lobh
    jiske liye bhool jaata hai
    shishtaachaar, sadaachaar sahit
    swaabhimaan ko bhi

Anya bhi apne-apne
    lakshya ki ore agrasar hote rehte hai
    koi dhan-vaibhav ke liye
    koi sarvocch pad pratistha ke liye
    kintu kuch aise bhi hai
    jo icchha ya anicchha se bhi
    badhte hee rehte hai.

Parantu mai!

mai to nikla hu
bhatak raha hu
dhoondh raha hu amulya khazaana
jiske mil jaane ke baad
mann me kya swapn me bhi
nahi bachegi shesh koi abhilaasha
kyonki
mai to ek pujaari hu
preet ke paryaay prem roop
amulya nidhi ka
jiski kar saku mai aaraadhna
ekaant me samaadhisth ho kar
aur na dagmagaau na behku
apne dheyay se,
haan! yehi to hai
meri icchhit manzil.

57

Tum pushpit ho

Mai unmukt pyar ka panchhi
par tum ho kyo dare hue se
pyar kiya hai
humne nischhal
bolo!
phir kyo tum aashankit ho?

Meri saari raag-raagini
chhandmukt meri kavitaaye
naye puraane sapno ka jag
jaagrit rehte raat aur din
shwaas-shwaas, dil ki dhadkan me
tum hee tum to rachi basi ho
bolo!
phir kyo tum aatankit ho?

Meri bhaav-bhaavna aahat
ghutan, chubhan ko seh naa paau
chhupa na paau dil ke chhaale
lubha rahe hai, kheench rahe hai,
teri khushboo ke madhu pyaale
chhor ke aaja, tod ke aaja
vyarth bandhno me lipti ho
ab to bolo!
mann hee mann kuch hui dravit ho?

Bhaavo ke aalingan hetu
mann mera atishay vyaakul hai
baah pasaare tumhe pukaare
par tum to sehmi simti ho
aisa kyo hai bolo! bolo!!
kali nahi, ab tum pushpit ho!!

58

Ghar ke dwaar se

Mere ghar ke dwaar se
    sapno ke anjaan
    kintu bhavya nagar tak
    bana raha hu ek raajpath
    jaane kab se?
    Weh ho nahi paaya hai poorn

Us par bichha di hai
    ek parat
    dard ki hee nahi,
    paseene ki parat bhi
    karm ke hathode se tod kar
    bichha di gayi hai dharm ki gittiya
    phir bhi kahi-kahi abhi bhi
    jami hai vishwaas ki baalu ret.

Avishwaasi daamar nahi bichhaane dunga mai
    mere swapno ke raajpath, nahi janpath par.
    Kyonki
    sapno ke nagar ke liye
    is par mai hee nahi
    aane waali peedhiyo ko bhi chalte hue
    dekh raha hu nange paav,
    pagtali me chhaale pehne hue

Rehne deta hu isay adhoora hee
taaki aane waale anya
pathik bhi jee sake
adhoora jeevan,
is ret, kankreet se nirmit
adhoore raajpath ya bhagnpath par
swarnim, aloukik
sapno ki duniya me
pahunchne ke liye
apne ghar ke dwaar se!

59

Dard kaagaz par

Yehi har cheez bikti hai
jaise bechaini!
haan! bechaini!!
jisay har aadmi bechna chaahta hai
bhaav bhi bahut anokha
ya kahu mitti ke mol
par ek bhi kharidaar nahi milta

Aur bhi naayaab
vastuye hai bikaau
jaise dard!
jisay kharidna to door
iska naam sunte hee
bidak jaate hai log
khair! bechaini ho ya dard
ye to mere apne hai
antarang mitra ya kahu humsaaya
phir kaise honge ye mujhse door
kyo bikenge?
Waah re! meri amulya dharohar!
sacche aur wafaadaar mitro!
ye sukh-shaanti thode hee hai
jo mauka milte hee
chhor chhitak kar door bahut door
bhaag jaaye.

Bina pata bataaye,
bina waapsi ka vaada kiye.
Nirlajj kahi ke.

Aur ye hee din ho ya raat
bikhrate rehte hai
jajbaat ka roop lekar
kaagaz par syaahi bankar.
Aur mai bhi inhe faila leta hu
banaakar dard kaagaz par!

60

Aankho ke raaste

Dhan daulat ki chamak-damak
duniya ke adbhut nazaare
jisne kshan me kar diya
bade-bade chaaritrik purusho ko bhi
vichlit.
Aur jakad liya apne jaal me
un sab me mann nirlipt raha
kabhi nahi bhatka.
Raha sada bedaag.

Haan! mai atka bhi to kewal
atka apno ke apnepan me,
kintu uljha unme bhi nahi,
satat badhta raha anjaan jag me
aur mann behta raha
amoort vastu ki talaash me.

Achaanak ek din laga
jhatka,
atak gaya mera bhola mann bhi
bhool baitha sab gyaan-vigyaan
yaha tak ki shaareerik sudh-budh bhi
vyaakul hee rehta hai
aaj kal ye sayaana mann bhi.

Gumsum, khoya-khoya sa
jabse utre ho tum, mujh me
aankho ke raste
mere is atript mann me.

61

Neh prakriti ka

Ped, lataao ke jhurmut me
sailaani mann uljha-sa hai
komal patte, naval tehaniya
nav viksit nanhi kaliya
daalo par itraate pushp
sabse karta samvaad baraabar.

Chhote-chhote paadap, jhaadiya
jo hai saakshya aur saakshi bhi
mere antarang jeevan ke
sacche, acche bhaavuk saathi
un sabke pyaare sandeshe
yaade abhi lekar aayi hai.

Aisa sundar neh prakriti ka
kaha bhula dena sambhav hai
pare hataakar jeevan dhan ko
ulajh jaau is nashwar jag me
ye bhi to nahi sambhav hai.

62

Premyogi

Vaasna se mukt hokar
pranay ki aaraadhna ho
roop aabha lau liye
anvarat jalti saadhna ho
bhramar ki kaamna
nit mujhe chhalti rahi
mai raha vyaakul sada hee
deep mere hee haq me rahe
ek puraatan pyaas prati pal
shwaas me palti rahi.

Reh gaya sapna adhoora
jaane vidhaata kyo khafa hai
hum juda to ho gaye
par yaade sab baate puraani,
gunjit raha hai prem ka geet
sanyam ki rekhaaye kheenche
preeti ke paavan bhawan me,
satyanishth jaagrat rahi

Prem radha-krishna sa
haan! hum tum jiyenge.
Nazdeekiya ya dooriya beshak rahe
hum bhaav-mad hardam piyenge
ho samarpan ek dooje ke liye

saagar ki gehraai sa
vedna ke ghaav saare
prem-dor se seeyenge
deh ke bin premyogi
bhaavna sab khilti rahi!

63

Nayano ki vaani

Shabdo me saamarthya kaha hai
ishwar ke bhaav-roop ke varnan ka
isiliye vidhaata ne yeh daayitva
nayano ko saumpa hai.

Nayan hee anupam kaushal se,
sukh-dukh ki
abhivyanjana ko aakaar dete
yeh prakat karte hai
utsukta, jigyaasa, aasha
sawaal par sawaal
jawaab aur uska jawaab.

Inme hee vaas karte hai darshan,
nadiyo, jharno ki kal-kal
pakshiyo ka kalrav,
bhramaro aur titliyo ka gunjan
vriksho va lataao ki marmar
sambhavtah ye sabhi shabdo se pare hai.

Abhivyakti va vaartaalaap
do anjaan dilo ka
kaha kar paate hai shabd
kis aadhunik bhaasha me hai
aisa shabd kosh jo de sake aakaar.

Haan! avashya hai samajh inhi me
yeh palak jhapakte ya
uthte hee kar lete hai
maun kintu saarthak samvaad
nayano ki vaani me.

64

Anmol moti

Muskuraana, hansna
kabhi-kabhi khilkhilaakar
unmukt hansi bikher kar
apno ko dena
khushi ka uphaar
vaataavaran me bhar dena
sugandh ka bhandaar
aanandit kar dene waala
bejod ya bahumulya pyar.

Kintu kabhi-kabhi inhi
avismarniya kshno me bhi
chhalak padte hai aankho se aansu
behad utsaahit aur prasannata me
jo behte hai na, wo aansu nahi
anmol moti hai,
jo saj gaye hai
anokhe aabhushan se gaalo par.
Phir bhi kuch muskura rahe hai
palko me hee
apnatva ki chhaav me
haan! apne hee gaav me.

Rishtey va dosto me
kaisa abhimaan

bas jaaye apno ki
nazro me hee nahi
bheetar, bahut gehre
dil me.

65

Niyanta

Sarv niyanta ke vandan me,
jeevan ka har pal nikle.
Jeev jagat ko samajh aatmvat,
kar sewa unki pehle.

Saath samay ke kadam milaakar,
kar nartan lay taal me.
Jeevan bagiya chehkegi,
har trin paudhe daal me.
Shubh sangeet swar lehar me,
sab sarveshwar se keh le.
Sarv niyanta ke vandan me
jeevan ka har pal nikle.

Ishwar ka pratiroop jyoti hai,
sacche saadhak naman kare.
Aviral behti shabd dhaar me,
jag paalak ka dhyaan dhare.
Shrishti ke swar ko pehchaane,
naval geet rachna kar le.
Sarv niyanta ke vandan me
jeevan ka har pal nikle.

Ajab-gazab ke nitya nazaare,
rachnaakaar saja jaaye.

Kinkartavyavimoodh maanvi,
tan-mann keechad liptaaye.
Nar sewa naaraayan sewa,
paavan lakshya hriday dhar le.
Sarv niyanta ke vandan me
jeevan ka har pal nikle.

Amit, agochar aur ajanma,
hai akshay, avyakt, atal.
Nirgun, sagun, nipun, nirnaayak,
jiski taakat saumya, prabal.
Us-se hee sansaar sushobhit,
wahi samay ka rath badle.
Sarv niyanta ke vandan me
jeevan ka har pal nikle.

66

Nirmal jeevan

Mann aadhyaatmik,
tan saansaarik,
upje bhaav vichitra.
Dono ne sapno me aakar,
vaade kiye pavitra.

Baune rishey bhaavshoonya se,
bandh hue kamzor.
Paakhando ki lambi raate,
phir bhi ujli bhor.
Aadhunik jeevan shaili ke,
sajte swapn sachitra.

Kitna dhoondha mila nahi par,
nirmal jeevan taal.
Bauraaye se van upvan hai,
mausam hai badhaal.
Maryaadaaye dhooldhusrit,
dhoomil darpan chitra.

Aashankit hai satya sanaatan,
chhupa na paaye raaz.
Dharm dhwaja ko liye khada hai,
basanti rituraaj
mrig marichika bhatka laalach,
raaz kholte mitra.

67

Sannaate ka shor

Khada bheed me nipat akela
sannaate me shor hua hai
tam se upja bhor hua hai.

Anjaani raaho ka panthi,
bhatak raha manzil ki khaatir.
Santati hu mai parampita ki,
satya tathya ye hai jag zaahir
chhipa hua jo saagar tal me,
wo garjan ghanghor hua hai.

Khud ko khud se raha churaata,
chhupne me kitna maahir hu
mann-darpan me kabhi na jhaanka,
Mai bheetar baahar shaatir hu.
Nyaay-neeti ki baat bhula kar,
kaisa aatm-vibhor hua hai.

Jaha ret ki barsa hoti,
mai us maruthal ka mayura hu.
Laila majnu ke jeevan ka,
sacch me sangeet adhoora hu.
Jo tha aas ke pehre par,
wo muskaata kor hua hai.

Mai Buddha ka Bodhi vriksh hu,
praasaado ki shobha mai hu.
Saakhi kabeera, meera, tulsi,
raghukul ke vachno me mai hu.
Aise to hu nischhal, komal,
waise bahut kathor hua hu.

68

Parmaarth sewa

Jeevan ek motiyo ki ladi hai
aaj aur abhi anmol ghadi hai

Gumsum si hai iski galiya
aawaara banjaara har pal
bhatak raha hai, lakshya bhedne
har kone har nukkad par chhal
makdi ke jaale me jakdi hai
jeevan ek motiyo ki ladi hai

Tufaano me yatn satat thay
par uljhan to waisi hee hai
haar maan lena mushkil hai
jeevan ka sangeet yehi hai
yehi kahi ummeed liye khadi hai
jeevan ek motiyo ki ladi hai

Parmaarth sewa bhaavo me
jeevan-mantra pavitra chhupa hai
deen-heen ke aashisho me
nij unnati ka marm dikha hai
sankalpo ki lag rahi jhadi hai
jeevan ek motiyo ki ladi hai

69

Bheetar hee

Dhoondh raha tha jisay
sayaana bankar
biyaabaan jungle,
nadi, pahaado par
kintu haath rahe khaali-khaali
hriday raha soona-soona
jaan nahi paaya
weh to baitha tha mujhe me hee
aur mai raha anjaan
dhanya hai us mahaagyaani ko
jisne bata hee nahi diya
balki mila hee diya
mujh me hee chhupkar baithe
mai ko
mujhse hee.

70

Akela

Akela hee nikla tha ghar se
raah me saathi
milte rahe aur
banta gaya kaarwa
kuch thak gaye,
kuch ruk gaye
aur kuch bhatak gaye.
Mudkar dekha
koi nahi tha mere siwa
akela hee tha mai
nitaant akela.

71

Bhor ka sooraj

Tumhare chehre se
    jaise hee takraai
    surya ki pehli kiran
    dekh kar adbhut chhata ko
    nikhar uthi aur ho gayi rangeen
    bhaaskar bhi zara thithke

Tumhe dekhkar
    meri aankhe hee nahi pathraai
    balki bhool gayi
    saanse bhi aana-jaana
    anvarat spandit raha kewal dil
    bhaav bhangima sabhi thay behke-behke.

Mukhde ki aabha se nazre
    hatne ka naam hee nahi leti
    wahi reh gayi hai jamke.
    ek ore tum
    aur dusri taraf
    bhor ka sooraj sindoori chamke.

72

Baadal

Unche aakaash me,
umadte madmaate baadal
neeche pahaado ko dhaampte,
bhaagte-daudte baadal
idhar se udhar lagaataar,
vichlit aawaara baadal.

Narm rui ke golo jaise,
udte hue baadal
hawa se ishq kar ke,
us par chadh mandraate baadal
apni priyatama ko rijhaane,
kabhi shwet, shyaam, ratnaare baadal
uski khaatir roop badalte,
behroopiye baadal.

Saath chhorkar gayi hawa to,
aansu barsaate baadal
bebas, zamaane se sataaya,
haara/toota hua premi baadal.

73

Maanav swabhaav

Dheele anubandh
jeevan ke khul gaye bandh,
rishto ke mukt paash
apni dafli par
gaate kuch nav raag
bheer ho gaye deshaatan par
mukti paakar geet
yug vaani par
phir phir behte bhaav layaatmak
jagat ke roop naam.
Jeevan me aate-jaate dukh-sukh,
lagte lalaam!

Satyam-shivam-sundaram,
badal gaye
kalaao ke pratimaan.
Ban gai bhooli-bisri yaad
aur bani nayi
jeevan ki saugaat!
maanav swabhaav hee
ban gaya khilta hua upvan
badalta khaalipan ko poornta me
vidrupta ko phir sundarta me.

74

Jaag jaa aye zindagi

Hari doob par
oas ki boond si
bikhar, chamakdaar zindagi
bachpan me khili-khili subah-si
sheetal sugandh me nahaai kiran-si
tu hee to thi kishore vay me
gunguni dhoop-si,
dopahar me madira chhalkaati
surya ke thake ashwo ke saath
phir chadhti kirno sang yauvan aaya
sandhya-aagman ki soochna lekar

Badalti rahi satat swaad bhi
kabhi lagi shahad, kabhi neem-si
kabhi saawan to kabhi maruthal-si
palko me machalti prem-dhaar
chubhti rahi dil me kaante-si,
aur kabhi mehak padi phool si
aaya udaas patjhar bhi
zindagi tu rahi jatil paheli
kabhi bheed me akeli
kabhi tanhaai me apni si
jo chaaha wo mila nahi,
jo mila usay chaaha kab tha

Fisal gaya waqt mutthi se
bikhre ret ki tarah
lekin kaha thaka hai mann
aaj bhi bhaagta hai
guzre palo ke paas
khaali hatheli liye
waqt kehta ruk jaa
ab shaam ho chali
dil kehta
jaag jaa aye zindagi

75

Paani

Mera kya hai

mai nadiya, naale ka paani
chanchal, nirmohi kehlaata
meri niyati hai behna
isiliye mai nahi ho saka
kabhi kisi ka.
Banjaare sam mera dera
jiske bhi sampark me aaya
sarv samarpan kiya tatkshan
upbhog kiya,
mujhme keechad, gand mila,
phir baha diya
mere aansu ki gehan peer,
kaun sunega krandan mera

Chattaano sang mai nirmal tha

mai natkhat ban unse khela
soch raha tha, ghulmil jaau
apna lu saanidhya inhi ka
kintu hua kya
thokar maar chattaano ne
upar se paashaan giraaye
chattaano se girte-padte
maidaano ne baah pasaare
aur ek phir bhool ho gayi

jeevan me maine unko bhi
aankh meech kar diya samarpan,
tan se, mann se jeevan mera

Mere boote khushhaal bane
par mujhse naate tod gaye
aakhir
saagar ne apnaaya
tab satya samajh mujhko aaya
par mera kya
mai nadiya, naale ka paani
aadi yehi tha
ant yehi par
manchan karte-karte haara
sewa bhaavi jeevan mera.

76

Aapki drishti

Aapke nayano ki bhaasha
padh to leta hu
magar samajh nahi paata
aise badalte hai nazro ke roopak
jaise badalti rehti hai
badli saawan me
ya ki chandrama
dikhaata hai solah kalaaye
badalta rehta hai apna roop
aapki pratyek drishti ka hai
ek alag andaaz, nazaara
kuch aisa jyo badalta hai
raajneetik paridrishya
zuba par kuch aur aankho me kuch
siyaasi neta nahi nat ki tarah
nigaahe kahi aur nishaana kahi
inhi paristhitiyo ke saath
humne zamaana jiya hai
par ho nahi saki aapki nazre
hamaare anuroop.

Palko ka jhukna, jhuk ke uthna
jaise chhalkaane wale hai madhu ke pyaale
bahut sahaj nischhal vichaar bhi
kintu jinhe manuj kya

devta bhi nahi jaan paate
aise hee aapke bheetar behte vichaar
mausam ke mizaaz ki tarah
ya ho sitaaro ya nakshatro ki
chaal ki tarah hee
samajh nhi aata
aapki drishti ka
badla hua pratiroop.

77

Chanchal samay thaka thahar kar

Samay thahar sa gaya,
maahaul khushhaal ho gaya.
Rom-rom ho gaya prafullit
koi achaanak mil gaya
saanse tez ho gayi,
dhadkan badh gayi
yeh ho kya gaya
kaha kho gaya hai,
mera tan mann

Bujhe pade nayano me
chamak ke shrot foot pade
jwaar utha, lehre uthi
thartharaane lage lab,
zuba nishabd ho gayi
yeh ho kya gaya
kyo pathra gayi hai nazar

Band aankhe hui
ashk beh chale
saanse behakne lagi,
neh jharne laga
simat kar mile jo gale
kho gaye wo kahi, yaad taaza hui
mai bhi hairaan sa, taakta reh gaya
chanchal samay thaka thahar kar.

78

Aatmakathya

Brahmaand me,
jo kuch bhi,
jaha hai, jaisa hai
apni jagah sab accha hai.

Srishti ka har ansh,
vidhaata ke banaaye,
niyamo ke anusaar,
paripoornta se,
apna kartavya darshaata hai
prakratik dharm nibhaata hai.

Surya jeevan kirno se,
kan-kan ko prakaashit karta hai
chandrama sheetal chaandni se,
shrishti ko sushobhit karti hai
jagmagaate sitaare,
nisha ki maang bharte hai
phool suhaane rango se,
dharti ka shringaar karte hai.

Unche neeche parvat,
him sangrah kar ke,
madhur jharne bahaate hai
jan-jan tak,

kan-kan tak,
meetha jal pahuchaate hai
sabki pyaas bujhaate hai.
Nadiyo ke aalingan se,
jharne prem bhaav se,
saagar me ghulmil jaate hai.

Mai....!
in drishyo me,
jab-jab,
satya aur...
sundarta ke darshan karta hu
kabhi achet avastha me,
kabhi sachet avastha me,
chintan karta hu,
vichaaro ka manthan karta hu
to dekhta hu,
hum insaan
jo samast praaniyo me,
shrishti ke,
samast ansho aur padaartho me,
sarvshreshth kehlaate hai
brahmaand ke kan-kan se,
abhootpoorv laabh uthaate hai

par!
kya hum maanav dharm nibhaate hai?

Phool, phal,
ped-paudhe,
chaand, taare, sooraj
aur dusre tatva,
bhedbhaav nahi karte
sabko ek samaan,
dete hai prakratik anudaan.

Parantu hum insaan?
vishaile nafarato ka prachaar karte hai
ek dharm ke anuyaayi,
dusre dharm ka,
bahishkaar karte hai
narsanghaar karte hai!

Nahi nahi nahi!
yeh karm nahi!
adharm hai!
isay rokna hoga!
is haivaaniyat ka,
tod sochna hoga!

soyi aatmaao ko jagaana hoga!
satya maarg dikhaana hoga!
satya...?

Vaani ki maanavta!
yeh paath sab ko padhaana hoga!!

79

Kya ho tum?

Kya ho tum?
Mere gungunaate geet ka
pehla antara ho
ya mere sapne ki saakaar,
prerna ho tum?
Ya phir kavita ke panno me,
bikhri hui, sawaari hui,
panktiya ho tum?
Kya ho tum?

Toofa ho
ya sahaara ho tum?
Dil ka dhadakna ho
ya dil ka tootna ho tum?
Saahil ho
ya bhatakna ho tum?
Aankho ki madhoshi ho
ya behakna ho tum?
Aag ki jalan ho
ya gulista ka
mehakna ho tum?
Kya ho tum?

Neem behoshi me dikhti hoor ho
ya madhoshi me ladkhadaana ho tum?

Mera dil ho, jigar ho, aitbaar ho,
ya chaahat se labrej paimaana ho tum?
Ya phir,
jisay mai aaj tak samajh na paaya,
wo sanjeeda afsaana ho tum?
Kya ho tum?

Jo bhi ho
mujh se juda ho tum
phir bhi kabool karta hu
muhabbat ka khuda ho tum!!

80

Aye meri zindagi

Aye meri zindagi!
tune sambhaala bhi
khush bhi bahut rakha mujhe
par ek dukh hai,
sunaana chaahta hu tujhe!

Aaj jab aaine me dekhta hu,
aks apna
to lagta hai ki ye mai nahi,
ye hai koi sapna
pita sa chehra mera,
un jaisa hee swaabhimaan hai
maano ye aatma meri nahi,
unki pehchaan hai
jo chhor gaye duniya me mujhe,
apni nishaani bana kar
samjha gaye jeene ka saleeka,
ek meethi kahaani bata kar!

Mujhe ek mauka aisa de de,
aye meri zindagi!
jhuk jaau!
pita ke pairo par,
kar saku unki bandagi
bas! ek baar!

Kabhi-kabhi
ek dardeela ahsaas
dil ko sihra jaata hai
ki,
weh nazaare,
jo sirf hamaare liye thay,
baarha dekh kar bhi ,
un nazaaro ko,
theek se,
jee bhar ke dekh nahi paaye!

82

Ek tum... ek mai

Aaj achaanak tum se mil kar
yaad aa gaya apna bachpan
ek dusre se be-baat ladna
kheejhna aur phir hans dena
yaad aaye, ret par gharaunde
banaate do maasoom bacche
ek tum... ek mai

Kyo na aaj phir
wahi sharaarte dohraaye
ret par gharaunde banaye
aur phir,
pehle ki hee tarah tum
wo gharaunda tod dena
ret par bikher dena
aur ek baar phir hum
lade, roothe
aur ek dooje ko
manaaye
do se phir ek ho jaaye
ek tum... ek mai

Nahi! aaj hum ek hee rahe,
kabhi na toote na roothe
chalo aaj hum banaaye

ek khilauna
jo ho tum jaisa pyaara
aur mujh jaisa nyaara
sunaaye usay apni adhoori kahaani
aur shaayad is tarah
poori ho apni kahaani
aur amar ho jaaye do chehre
ek tum... ek mai

83

Taap ka garal

Mai kavi hu!
isliye,
aam manushyo se thoda juda hu
aur shaayad isi liye
khaamoshi ki gehraai me,
mann ki cheetkaar chupaaye
taap ka antim garal tak
pee chuka hu!

Ghaayal vajood
toote sapne liye
gumshuda manzil ki khoj
beete hue din
kuch kadwi,
kuch meethi yaade
bikhre hue ahsaas
bas!
yehi sarmaaya hai mere paas!

Shukra hai,
aye maalik!
aye mere khuda!
ki maine,
apni aatma par lagi
har ek kharoch se,

muskura kar intekaam liya.
socha aur tasalli ki
shaayad yehi taqdeer hai
jab kabhi krodh aaya,
jhalla kar,
khud ko ghaayal kiya.

Mahaadev nahi!
parantu,
kavi to hu!
hadd se zyada,
bhaavuk hu!
isi liye,
krodh ka saara vish pee liya!
nahi to,
kamzor manushyo ki tarah,
jeete jee mar gaya hota!
ya karmheen ho kar,
banvaas le chuka hota!
ya sharaab ke nashe me dooba,
kahi sadak par pada hota!

Bhaag daud se fursat paa kar
ashaant mann ko,
shaanti ka paath padha kar

apne tazrubaat
kavita me daalta hu
ekaagrachitt ho kar
likhta hu to,
bahut sukoon mehsoos karta hu!

Ankurit shabdo ko,
dheere-dheere ugne deta hu
phalne-phoolne deta hu
khayaalo se urja paa kar
apne karmath hausalo ko
jeevan-path par
bedhadak chalne deta hu!

Kyonki mai jaanta hu!
agar mai tham gaya!
to,
aashaaye toot jaayengi
nayi manzile chhoot jaayengi!
iraado ki saanse tham jaayengi!

Koshisho ki nabz jam jaayengi!
isi liye,
maine!
khaamoshi ko,

aawaaz bana kar
apne karmath aur,
bebaak maun ke saagar se
ek nayi raah nikaali
aur ab
cheetkaar ki jagah
bhaavnaao ki basti me
lekhni ki roshni me
kalpana ki deewaali hai.

chhavi *kavi ki*

Basant Chaudhary

Pita	Samaajsewi, Udyogpati Sw. Lunkarandas Chaudhary
Mata	Sw. Gangadevi Chaudhary
Janm tithi	V. S. 2013 Chaitra 21 gatay (April 03, 1957)
Sthayi pataa	Saraswati Sadan, Tridevi Marg, Thamel P. O. Box No. 648, Kathmandu
Shaikshik yogyata	Vaanijya Shastra me Snatak
Srijanaatmak prishthbhoomi	Vidyarthi jeevan se saahitya-srijan me nirantar rachnasheel

Prakaashan	'Maaya Baljhechh', 'Timro Naamama', 'Reflection of Love', 'Only Love', 'Love Forever', 'Vasant Vela'
Hindi Bhasha ka Geet Album	'Kuch Khwaahishe Kuch Bandishe', 'Moments of Love'
Nibandh Sangrah	'Raashtriyata Nadukhos', 'Samvaad'
Kavita Sangrah	'Megha' (Nepali evam Hindi), 'Mera Kavitaharu' (Nepali), 'Aansuo ki Siyaahi se' (Hindi), 'Chaahto ke Saaye me' (Hindi evam Angrezi), 'Vasant' (Nau Bhaashaao me)
Ukti Sangrah	'Jeevan-Mantra'
Vishwa-Kaavya-yaatra	San 2012 se aayojit
Ekal Kavita Vaachan	Vishwa ke 10 Desho ke 20 Shaharo me Sampann
Saahityik Kritiya evam Patrikaaye	'The Reeyalam', 'Urvashi', 'Satta', 'The Independence'

poet@basantchaudhary.com
www.**basant**chaudhary.com

shubhechha ke *moti...*

“Aajkal yaddyapi haasya-vyangya pradhaan rachnaao ka daur hai tathaapi kuch log hai jo geet-gazal aadi likhkar samaaj ko laabhaanvit kar rahe hai. Basant Chaudhary aise kavi hai jo apni rachnaao dwaara naye prayogo, naye bimbo ka prayog karke hindi kavita ko nayi bhaavbhoomi pradaan kar rahe hai. Inka yeh prastut kaavya-sangrah mere tathya ki pushti karega aur nishchit roop se inki rachnaaye paathko ke hriday ko bahut aanand pradaan karte hue kaavya ka naya swaroop laayengi.”

–Padmabhushan Gopaldas 'Neeraj'

“Nirantar samvedanheen aur amaanviya hote hue samaaj me jaha prem ka akaal hai aur hindi-kaavya-saahitya me prem kavitaao ka, aise paridrishya me milan aur virah ke kahi chatkeele aur kahi udaas prem geeto/gazalo ka yeh sangrah sukhad ahsaas deta hai.”

–Lakshmishanker Bajpayee
(poorv Up-Mahaanideshak, Aakaashvaani)

“Nepal ke vyavsaayi Basant Chaudhary saahitya me bhi ruchi rakhte hai aur khud kavitaaye likhte hai, yeh khushi ki baat hai. Nepaali bhaasha me apne do kaavya-sangraho ke kaaran aap pehle hi khyaati praapt kar chuke hai. Aur ab hindi me bhi kavitaaye rachkar aapne apne hindi-prem ka parichay diya hai, prem-ras me pagi aapki ye rachnaaye paathko evam shrotaao ko aanandit karengi aur hindi saahitya me samuchit sthaan praapt karengi, aisa mujhe yakeen hai.”

–Padmashree 'Bekal' Utsashi

“Nepal jaise chaaro dishaao me bhoomivyaapt pradesh se aaye aur ek vyavsaayi rahe Basant Chaudhary ko mann ki gehraai naapne ki chaahat ne hee unhe 'saagar' bana diya hai. Yeh kavitaaye kewal shabd chamatkrit nahi hai. Har kavita ek sundar geet hai. Apni swaabhaavik geyata ke kaaran har rachna lay ko saath laati hai.”

–Khayaam (Sangeetkaar)

“Basant Chaudhary ke yaha agar Kabeer aur Tulsi ki fikra ke chiraag jagmagaate hai to wahi Meer aur Gaalib ke waalihaana ishq ki haraarte bhi mehsoos ki jaa sakti hai. Unke maujuaat aur lafiyaat khaalis Hindustaani hai. Unke ash-aar me wo manzar saans lete nazar aate hai jo Hindustaan ki mushtareka tehzeeb ka hissa hai.”

–**Hasan Kaazmi**

“Basant Chaudhary ki kavitaaye mann ke kisi na kisi taar ko dhwanit kar jaati hai. Lekhan ki safalta tabhi hai, jab paathak ko lage ki yadi wo apni bhaavnaao ko shabdo me pirota, to shaayad aisa hee likhta. Basant Chaudhary ki rachnaao ko padhkar mai nishchit roop se unhe safal shreni me rakhta hu.”

–**Ravi Sharma** (Adhyaksh, Prama Jyoti Foundation)

“Nepal ki hawaao ki khushboo aur taazgi ka ahsaas karaati hai Basant Chaudhary ki kavitaaye, jinme prem hai, prakriti hai aur prakriti ka saundaryabodh bhi. Saath hee sangharsh hai, dwandh hai aur unse ubarne ki chhatpataahat bhi.”

–**Dr. Amarnath ‘Amar’**

(Varishth Karyakram Adhikaari, Doordarshan)

“Is daur me sabse aasaan hai prem par aah likhna, ishq par hai-hai likhna. Basant Chaudhary ke yaha jo ishq hai, prem hai usme hai tauba nahi hai ya to bechaini hai ya samarpan hai. Is samarpan me ghanaanand waala bhaav hai - ‘mohi tum ek tumhe mo sam anek aahe, kaha kachhu chand ko chakoran ki kami hai.’ Yeh samarpan hamaare samay ki vidambana hai, lekin Basant Chaudhary us vidambana ko yathaarth tak le jaate hai. Basant Chaudhary ki kavitaaye manushya aur manushyata ke beech jo bach gaya hai, usay bacha lene ki zid hai. Yeh avishkaar nahi, parishkaar ki kavitaaye hai. Apne andar ki rikt-ta ko dukh aur peeda se bharne ka bhaav dene waali kavitaaye hai. Kisi ko kho dene ka darr jo jehan ke kisi kone me thithak kar baith gaya hai, us-se ubarne ki kavitaaye hai.”

–**Dr. Rama Pandeya**

(Praachaarya, Hansraj College, Dilli Vishwavidyalaya)

“His command over Hindi is commendable and his poems are like songs, full of meaningful imagery. I have thoroughly enjoyed singing the lyrics written by him.”

–**Roop Kumar Rathod**

(Playback Singer & Music Director)

kaavya-sangrah

Anek Pal aur Mai

Aapko acchi lagi?

Apne prashn va jigyaasa

kavi **Basant Chaudhary**

ko e-mail kare.

e-mail: **poet@basant**chaudhary.com

anubhootiya

aanandit hai, utsaahit hai,

Anek Pal aur Mai !